CP

Pierre Colin · Christian Redouté

DÉFI MATHS

FICHES À PHOTOCOPIER · FICHES À PHOTOCOPIER · FICHES À PHOTOCOPIER

RETZ
www.editions-retz.com
1, rue du Départ
75014 Paris

Sommaire

Conception graphique et réalisation intérieure : BASE LINE
Suivi éditorial : Gérard Tassi
Illustrateur : Jorg Maillier
N° de projet : 10116311 - D.L. : janvier 2001
Achevé d'imprimer en France en juin 2004 par I.M.E. - 25110 Baume-les-Dames
N° d'impression : 18083
N° d'éditeur : 1059

Présentation générale

Grâce à cet ouvrage, les enseignants de CP peuvent, sur plusieurs mois, entraîner leurs élèves à répondre à des casse-tête mathématiques très variés, en vue d'organiser eux-mêmes une compétition de fin d'année entre plusieurs classes issues de différentes écoles.
Ce jeu-concours engage les élèves à résoudre un certain nombre de casse-tête en un temps imposé pour gagner le plus grand nombre possible de points.
Le Défimaths, c'est l'obligation d'écrire pour chaque casse-tête le résultat trouvé par l'équipe ou la classe sur un bulletin réponses unique.
Ce n'est donc pas un concours individuel, mais une compétition collective entre plusieurs classes ou équipes ; ce qui implique de la part des élèves une attitude inhabituelle de coopération efficace.

Le Défimaths, pour quoi ?

- Pour valoriser l'idée de **jeu** dans les apprentissages.
- Pour donner le goût de la recherche en incitant au **débat mathématique** : raisonner, argumenter, vérifier, prouver, choisir le « bon » résultat. Au sein de chaque classe ou équipe, les élèves se trouvent inévitablement en désaccord sur les réponses à apporter. L'obligation qu'ils ont de fournir une réponse unique et définitive les place dans une situation fonctionnelle de communication. L'expérience a montré qu'en début d'année les « bons » en Maths sont écoutés et suivis dans leurs propositions. Ils font autorité. Néanmoins cette attitude affective évolue notamment lorsqu'il est démontré lors de la correction que les réponses qu'ils avaient proposées étaient fausses.

- Pour favoriser la **socialisation** des élèves à différents niveaux.

→ La pratique du Défimaths nécessite des élèves qu'ils échangent et explicitent leurs démarches et leurs procédures : « Comment as-tu fait ? »
C'est donc favoriser la métacognition : les élèves expliquent ce qu'ils font, ils entendent d'autres modes de fonctionnement, ils se forgent des outils de construction du savoir.

→ La conception de la compétition qui anime le Défimaths favorise la mise en commun des compétences de tous les membres du groupe.

→ La loyauté et la rigueur sont nécessaires.

- Pour consolider la construction de **l'autonomie**.

→ L'élève affirme son autonomie par rapport aux autres et par rapport à l'adulte.

→ Il respecte des règles liées aux contraintes de la tâche.

→ Il adapte son comportement dans une situation où il n'est pas seul. Il coopère, établit des relations de plus en plus nombreuses, reconnaît l'autre, l'écoute, le respecte.

Le Défimaths, comment ?

Fonctionnement

• Les équipes

La constitution de petits groupes sera nécessaire pour l'entraînement des élèves durant l'année scolaire. Voir le paragraphe « Mise en place », page suivante.
Ainsi, au sein de chaque équipe, chaque casse-tête est résolu par plusieurs élèves. Les élèves vont prendre conscience que le risque d'erreurs est moins grand que dans une démarche individuelle, pour peu que l'on soit capable de s'écouter. Les échanges quant aux démarches et aux résultats sont riches et fructueux. L'expérimentation de cette activité a fait apparaître que les élèves trouvent et font évoluer des stratégies très diverses :
• présence ou non d'un leader pour gérer les échanges ;
• gestion du temps confiée à un élève en particulier qui informe toutes les 10 minutes du temps restant mais qui résout lui aussi les casse-tête ;
• découpage préalable du temps en plages correspondant à des étapes du travail : lecture, répartition, recherche/résolution, présentation/argumentation, mise au propre…

L'enseignant est placé ici en **observateur** de sa classe afin de rendre compte aux élèves de leurs attitudes et du rôle joué par chacun d'entre eux.

• Le temps

La durée de chaque épreuve est imposée : 40 minutes. Chaque enseignant pourra la faire varier selon sa classe en période d'entraînement. En revanche, une fois que le contrat initial est fixé, il ne peut être modifié en cours d'épreuve. Le temps imposé est un critère objectif que les élèves vont apprendre à maîtriser progressivement et qui correspond à une compétence transversale : « Savoir réaliser un travail en un temps donné ».

• Les aides autorisées

Nous conseillons de laisser aux joueurs la libre disposition de tous les supports présents dans la classe. Seul l'appel à l'adulte est formellement interdit. Ce principe concourt au **développement de l'autonomie** de l'élève vis-à-vis de l'adulte et le contraint à aller chercher des aides ailleurs : manuel scolaire, affichages didactiques, cahiers, classeurs, dictionnaire, encyclopédie, calculatrice, outils de géométrie et de mesure...

Mise en place

Pour optimiser les chances de remporter le concours final, il est nécessaire de mettre en place un apprentissage progressif dans la classe tout au long de l'année scolaire. Les douze Défimaths sont destinés à cet entraînement.

• Premier trimestre

Au sein de la classe, la constitution des groupes qui vont s'affronter constitue la première étape de cet apprentissage. Les temps forts vont porter sur :

→ la lecture, l'analyse et la compréhension du règlement (voir document photocopiable p. 14) ;
→ la façon d'utiliser et de remplir le bulletin réponses (voir document photocopiable p. 14) ;
→ les stratégies à mettre en œuvre pour gagner (voir document photocopiable p. 14).

Les conseils qu'il propose pourront être complétés, remaniés, réécrits si nécessaire. La confection d'une affiche qui devra, bien entendu, évoluer tout au long de l'année pourra constituer la mémoire de la classe.

Au cours du premier trimestre, les élèves sont mis en situation de s'organiser, c'est-à-dire de :

→ se répartir la tâche (combien de casse-tête chaque membre de l'équipe va-t-il résoudre et lesquels en fonction de leur niveau de difficulté ?). Chaque Défi présente 6 casse-tête par ordre de difficulté croissante : casse-tête n° 1, 5 points ; casse-tête n° 2, 10 points ; casse-tête n° 3, 15 points ; casse-tête n° 4, 20 points ; casse-tête n° 5, 25 points ; casse-tête n° 6, 25 points ;
→ gérer le temps imposé ;
→ trouver des procédures de vérification.

Il s'agit d'un apprentissage à la coopération.

À noter :

Le principe d'un bulletin réponses unique pour un groupe ou une classe est conservé pour le CP comme pour les autres niveaux. En revanche, chaque Défi de 6 casse-tête qui est remis à chaque élève prévoit – contrairement au cycle 3 – un espace suffisant pour une réponse individuelle à chaque casse-tête, si l'enfant le désire, bien entendu. Ce support structuré évite d'avoir recours à du matériel supplémentaire (feuille volante, cahier d'essai...), difficile à gérer à cet âge.

• Deuxième trimestre

Nous conseillons à cette période de l'année d'augmenter le nombre de joueurs par équipe, ou mieux de passer à un entraînement interclasses entre les classes d'une même école ou d'écoles voisines.

• Troisième trimestre

À vous d'organiser l'épreuve terminale qui sera l'événement de ce trimestre. Le concours pourra se dérouler en juin. Il faudra tenir compte, pour fixer la date du concours avec les autres classes participantes, du délai nécessaire pour la correction, la transmission des corrigés, la communication des résultats et la remise de diplômes. Voir document photocopiable p. 64.

Le Défimaths, sur quels énoncés ?

Chaque Défimaths est structuré en 6 casse-tête. Nous avons choisi le terme « casse-tête », assez évocateur pour les enfants. Chez les Chinois, le casse-tête est une question, un jeu, un problème dont la solution est difficile à trouver. C'est un travail qui demande de la concentration. La difficulté est due à la forme inhabituelle du texte, moins scolaire si on le compare à un problème classique. Les casse-tête sont à considérer comme des jeux intellectuels qui se prêtent à la discussion, aux échanges notamment, pour expliciter la méthode de résolution suivie. Néanmoins, nous avons conservé quelques énoncés familiers aux élèves (voir rubrique Problèmes, p. 8), mais nous avons introduit une majorité de casse-tête tels que :

→ les logigrammes,
→ les suites logiques numériques,
→ les algorithmes graphiques,
→ les opérations cryptées,
→ le compte est bon,
→ les devinettes numériques,
→ les constellations magiques.

Les programmes officiels indiquent qu'« il est souhaitable que l'élève rencontre, dès le cycle 2, des problèmes faisant intervenir de la logique élémentaire ».

Les Défimaths sont présentés selon une **progression** qui suit les apprentissages dans l'ordre où ils sont généralement abordés en classe. Les casse-tête ont été conçus en prenant en compte les notions du programme officiel. Il n'y a donc pas de notions numériques ou géométriques inconnues des élèves. Par contre la présentation inhabituelle les oblige à adapter leurs connaissances dans un contexte nouveau. Pour les élèves qui n'auraient jamais traité certains casse-tête comme les opérations cryptées, par exemple, nous proposons des **activités préparatoires**, à partir de la p. 6.

Le Défimaths et l'apprentissage de la lecture

- Les consignes des casse-tête s'adressent directement à l'élève. Bien entendu, c'est l'enseignant qui, au début de l'apprentissage, va lire les questions et les consignes à l'ensemble de la classe, mais progressivement les élèves seront mis en situation d'interpréter le code linguistique et d'émettre des hypothèses sur ce qui est demandé, et cela notamment par petits groupes de 2 ou 3.
- La compréhension devra toujours être vérifiée avant que les élèves ne se lancent dans la résolution mathématique. Il convient de ne pas ajouter une difficulté supplémentaire (la lecture) à l'activité mathématique elle-même (les notions et les concepts mathématiques à manier).
- À terme, les élèves vont acquérir une autonomie suffisante pour qu'au dernier trimestre de l'année scolaire, les équipes travaillent directement avec l'écrit, sans l'aide de l'adulte.
- Nous avons choisi deux types de consigne en fonction des supports fournis aux élèves :
  - → Le Défi lui-même s'adresse, dans un premier temps, individuellement à l'élève. Les consignes sont rédigées à la deuxième personne du singulier de l'impératif *(entoure, colorie, complète, dessine...)* ou bien sous la forme de questions *(Qui a gagné ? Combien a-t-il de points ? Qui est le plus léger ?).*
  - → Le bulletin réponses s'adresse au groupe, à l'équipe. Les réponses sont rédigées à la première personne du pluriel du présent de l'indicatif *(Nous écrivons les numéros ; Nous entourons les 7 erreurs ; Nous traçons le chemin)* ou bien sous la forme de phrases à trous *(Il faut ajouter ... briques ; L'enfant le plus léger s'appelle... ; L'écureuil a caché ... noisettes).*

Activités préparatoires et commentaires pédagogiques

Les activités préparatoires proposées ici reprennent les principales notions et les savoir-faire sur lesquels se fondent les Défimaths, et sont accompagnées de commentaires pédagogiques.
Chaque enseignant, selon sa progression, les besoins de sa classe et le moment de l'année pourra les utiliser lors de temps d'apprentissage spécifiques. À chaque activité préparatoire sont répertoriés les casse-tête s'y rapportant. Il est à noter que ce classement des Défis, par rapport à une notion, un savoir-faire, n'est pas exhaustif, dans la mesure où certains casse-tête peuvent faire travailler plusieurs compétences.
Les chiffres inscrits en gras renvoient au numéro de l'épreuve et ceux en maigre au numéro du casse-tête.

■ Géométrie

1) Quadrillages

► **ACTIVITÉ 1 : Repérer les intersections dans une représentation.**

Chaque animal avance tout droit.
Où peuvent-ils se croiser ?

Le repérage des intersections dans une représentation prépare au repérage des nœuds et des cases dans un quadrillage. À cet effet les élèves disposent de différents « outils ».
Pour trouver les 4 points d'intersection demandés dans l'exemple, ils peuvent :
- suivre la ligne et la colonne avec les doigts,
- tracer la ligne d'une couleur, la colonne d'une autre,
- tracer les 2 chemins au crayon à papier.

À ce niveau de la scolarité, ce type d'exercice ne doit plus présenter de difficultés particulières à la grande majorité des élèves.

→ *Voir n°* ***4****/1*

► **ACTIVITÉ 2 : Repérer les nœuds ou les cases dans un quadrillage.**

Reproduis le dessin dans le quadrillage

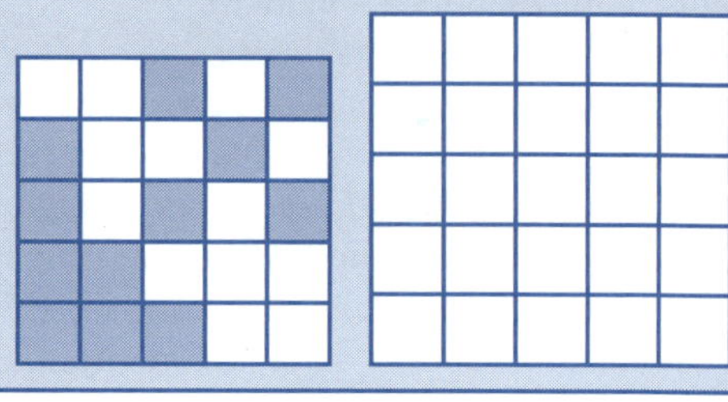

Repérer un nœud ou une case sur un quadrillage est un savoir-faire important qui sera utile dans des contextes divers et notamment en géométrie dans les tâches de reproduction, réduction ou agrandissement de figures. Dans la progression on peut prévoir la mise en place d'un codage pour faciliter le repérage des cases. C'est une autre stratégie qui évite le repérage par comptage des cases : ce peut être aussi pour certains élèves une difficulté supplémentaire de lecture qui nécessite un véritable apprentissage. Voir ci-dessous une activité de codage/décodage.

→ *Voir n°* **10**/2

Savoir utiliser un codage.
Place les figures :

○ b | 2 ● a | 4

Écris où se trouvent ces figures :

△ ☐☐ ▲ ☐☐ ▼ ☐☐

	1	2	3	4
a			▲	
b				
c				▼
d	△			

2) Figures planes

► **ACTIVITÉ 1 : Identifier des figures simples dans un ensemble complexe.**

Combien y a-t-il de triangles ?

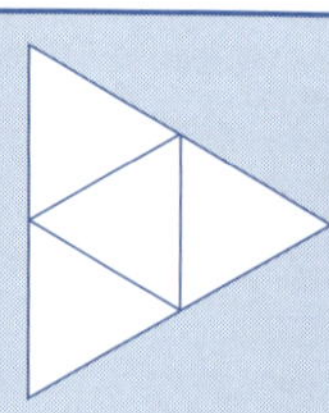

La reconnaissance de formes débutée en maternelle se poursuit au CP de manière implicite. Dans les situations que nous proposons, la difficulté principale provient de l'orientation des figures qui sont présentées dans un ensemble complexe selon des dispositions inhabituelles. L'apprentissage peut être facilité par l'introduction progressive de critères de reconnaissance supplémentaires. On pourra travailler sur :

- un ensemble de figures identiques (rectangles);
- un ensemble de figures différentes (carrés, triangles);
- un ensemble de figures différentes et de tailles différentes.

Réponse : 5

→ *Voir n°* **11**/2-**12**/1

3) Pavages

► **ACTIVITÉ 1 : Réaliser un pavage.**

Entoure les 3 pièces du puzzle.

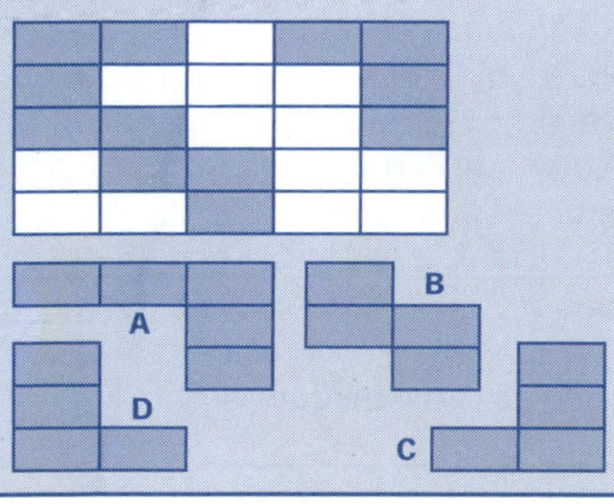

Pour réaliser un pavage, il faut recouvrir une surface donnée à l'aide d'éléments réguliers sans chevauchement ni interstice. L'exemple fourni est une activité familière aux enfants depuis l'école maternelle, notamment sous la forme des puzzles. La contrainte supplémentaire est due au fait que les pièces ne peuvent être manipulées (bien qu'il reste possible de les faire découper malgré leurs petites dimensions). Les élèves doivent être capables de déplacer mentalement les pièces pour les faire coïncider aux emplacements disponibles. Dans cet exemple certaines pièces sont contiguës et ont, de plus, subi une rotation.

Réponse : B, C, D.

→ *Voir n°* **3**/4; **6**/3; **9**/1

4) Symétrie

► **ACTIVITÉ 1 : Analyser des représentations symétriques.**

Le dessinateur n'a pas respecté la symétrie.
Entoure ce qui le montre.

Bon nombre d'activités bien connues préparent à la mise en place de la notion de symétrie axiale : pliage, découpage, coloriage. Même si parfois on ne peut pas parler de symétrie au sens strict du terme mathématique, les enfants découvrent intuitivement certaines propriétés de la symétrie : conservation de la forme, effet miroir, présence d'un axe.
Le jeu des erreurs en est un exemple familier.

Réponse :
Il y a 5 erreurs : une couette, le bandeau du tee-shirt, la poche du pantalon, une pièce au genou, une chaussure.

→ *Voir n°* **2**/6

► **ACTIVITÉ 2 : Construire le symétrique d'une figure.**

Colorie les cases en respectant la symétrie.

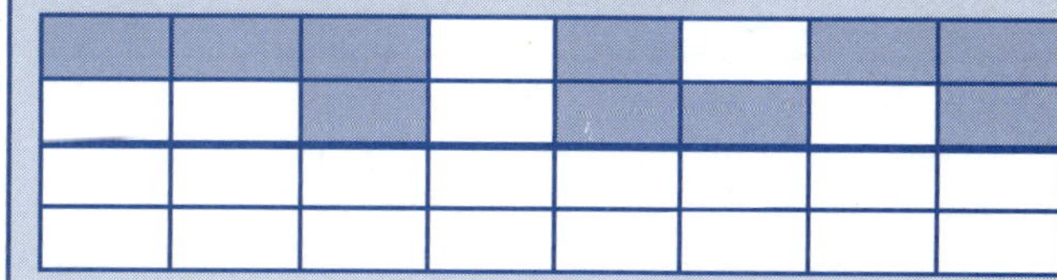

La mise en œuvre de la symétrie axiale dans des coloriages sur des quadrillages est facilitée par les activités de repérage de cases menées dans le chapitre I « Quadrillages ».
La difficulté supplémentaire consiste à bien repérer le trait qui représente l'axe de symétrie et à respecter l'effet miroir.
Afin que les élèves n'acquièrent pas une conception limitée de la symétrie, il est indispensable de proposer des situations où l'axe ne soit pas systématiquement en position verticale, mais aussi en position horizontale (exemple proposé) voire oblique.

Réponse :

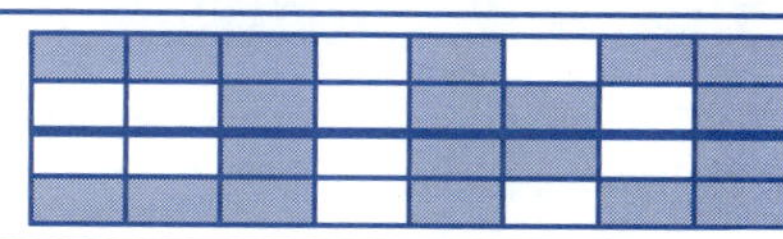

→ *Voir n°* **8**/4

5) Solides

► **ACTIVITÉ 1 : Dénombrer les solides d'une construction.**

Jeu de construction.
Combien y a-t-il de briques dans ce pont ?

Les élèves manipulent fréquemment des jeux de construction. Par contre la manipulation mentale de pièces représentées est beaucoup plus difficile puisqu'elle fait appel à une abstraction qui nécessite un apprentissage progressif.
Notre exemple propose une construction dont toutes les pièces sont visibles. On pourra soumettre ensuite aux élèves des constructions dont toutes les pièces sont

visibles mais dont certains emplacements sont vides (fenêtres par exemple), puis des constructions dont certaines pièces ne sont pas visibles mais indispensables à la tenue de l'ensemble.

Réponse : 18

→ *Voir n°* **5**/2

▶ **ACTIVITÉ 2 : Compléter une construction de solides.**

Combien faut-il de petits cubes pour construire 2 autres marches à cet escalier ?

Les élèves vont devoir :
- se représenter mentalement les petits cubes nécessaires pour construire les deux marches demandées et, à cet effet, reconnaître et concevoir l'augmentation régulière d'un cube supplémentaire par marche;
- calculer (6 + 7) ou compter (13) le nombre de petits cubes manquants.

Pour les élèves éprouvant des difficultés de représentation dans l'espace, il conviendra de faire appel à des manipulations de matériels (cubes, emballages...).

Réponse : 13

→ *Voir n°* **1**/2; **7**/2

■ Problèmes

1) Traiter l'information

▶ **ACTIVITÉ 1 : Trouver et utiliser les informations numériques contenues dans un tableau.**

Le jeu électronique.
Fais 4 comparaisons entre les joueurs.
Exemple : Paul a 2 points de plus que Marie.

POINTS	
PAUL 99	JULIEN 90
MARIE 97	AUDREY 91

Qui a gagné la partie ?

Il s'agit ici d'une activité complexe où l'élève doit successivement :
- identifier les informations numériques : 90 est le nombre de points obtenus par Julien;
- établir des comparaisons entre 2 nombres : Paul a plus de points que Julien, Julien a moins de points que Paul, mais aussi Paul a 9 points de plus que Julien et Julien a 9 points de moins que Paul;
- comparer 4 nombres.

Réponse : Paul

→ *Voir n°* **5**/3; **11**/4

2) Les énoncés à structure additive

▶ **ACTIVITÉ 1 : Identifier dans un énoncé une structure additive.**

Exemple 1.
Christian a 10 poissons rouges et 7 poissons bleus dans son aquarium. On lui offre 5 poissons rouges et 3 poissons bleus.
Combien a-t-il de poissons maintenant ?

Exemple 2.
Dans son porte-monnaie, Marie a 1 billet de 5 ¤, 2 pièces de 2 ¤ et 5 pièces de 1 €.
Peut-elle acheter un livre à 15 €?

Exemple 3.
Valentin a 15 ans, sa sœur a 7 ans de moins que lui.
Quel âge a-t-elle?

Par structure additive nous entendons les problèmes relevant de l'addition et de la soustraction.
Les problématiques sont multiples : a + b + c + d = ? (exemple 1); additions réitérées (exemple 2); a – b = ? (exemple 3)...
Il est à noter que certains énoncés sont beaucoup plus difficiles que d'autres (exemple 2).

Réponses :
1. 25.
2. Non, elle ne possède que 14 €.
3. 8 ans.

→ *Voir n°* **2**/3; **3**/1; **4**/5; **9**/2; **11**/4.

3) Les partages

▶ **ACTIVITÉ 1 : Réaliser un partage sans reste.**

Combien chaque enfant aura-t-il de bonbons?

Dans les casse-tête proposés aux élèves, l'illustration joue un rôle important. Elle se substitue à une information numérique brute à identifier dans un énoncé. Elle permet aux enfants qui connaissent depuis la maternelle les notions de partage et de distribution de procéder par essais/erreurs en réalisant les partages au crayon à papier ou avec des crayons de couleur, par exemple.
Ici encore on pourra selon les besoins faire manipuler au préalable toutes sortes de matériels, dans des situations de partage équitable sans reste dans un premier temps.

Réponse : 4

→ *Voir n°* **3**/2; **7**/4

▶ **ACTIVITÉ 2 : Réaliser un partage avec reste.**

Exemple 1.
Combien chacun aura-t-il de gâteaux ?

Exemple 2.
Fais des paquets de 4 sucettes.
Combien y a-t-il de paquets ?
Combien reste-t-il de sucettes ?

À la suite de l'activité 1, nous proposons ici des situations de partage équitable avec reste où l'illustration joue un rôle primordial (exemple 1). Il convient d'habituer les élèves à vérifier si les parts sont bien égales. Certains élèves procèdent par comptage (1 en 1) de chaque part, d'autres par comparaison visuelle globale des parts. Selon le niveau de la classe et la programmation de chaque enseignant, on pourra faire travailler également les enfants sur les groupements d'objets (exemple 2).

Réponses :
1) 2 gâteaux.
2) 3 paquets de 4 sucettes. Il reste 1 sucette.

4) Les énoncés à plusieurs opérations

▶ **ACTIVITÉ 1 : Identifier dans un énoncé différentes structures mathématiques.**

Combien y a-t-il d'absents aujourd'hui?

CP	Filles	13
	Garçons	11

10 MAI
Présents
19

Les casse-tête sont des petits problèmes classiques où les élèves doivent maîtriser le sens de plusieurs opérations au sein d'un même problème, voire également des comparaisons de plusieurs nombres :
- additions : a + b = ?
- additions à trous : a + ? = c
- soustractions : c – a = ?

Réponse :
13 + 11 = 24 ;
24 – 19 = 5 ;
Le 10 mai, il y a 5 absents.

→ *Voir n°* **6**/6; **8**/6; **10**/5; **12**/6

■ Logique

1) Les suites graphiques

▶ **ACTIVITÉ 1 : Compléter un algorithme.**

1. Dessine la figure suivante.

2. Dessine ce qui manque.

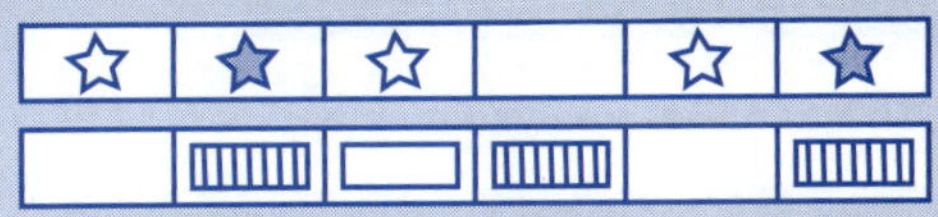

Ces activités font appel aux capacités d'observation et d'attention visuelle appliquées aux couleurs, formes, orientation des éléments, alternances...
D'une façon générale, pour prolonger une série graphique il est nécessaire de l'analyser et d'en trouver la règle de composition.
Il faut saisir des relations entre les figures, en tirer une loi (généraliser) et passer de la loi au cas particulier pour déterminer l'élément suivant dans la suite. Les suites proposées sont essentiellement des algorithmes répétitifs basés sur une succession de formes, ou une succession de figures ayant effectué des rotations. Il n'y a pas d'algorithmes dits récursifs (augmentation régulière du nombre d'éléments). À l'école maternelle, les élèves ont été fréquemment familiarisés avec ces situations. Bon nombre de frises réalisées au CP contribuent également à développer les capacités d'analyse.

Réponses :
1) 
2) 

→ *Voir n°* **2**/4; **7**/3; **8**/5

2) Les suites numériques

▶ **ACTIVITÉ 1 : Compléter une série, un groupe, une configuration numérique.**

1. Écrivez le nombre suivant.
2 4 6 8 10 12 ...

2. Quel est le 6e nombre de cette liste?
31 29 27 25 23 ...

3. Quel est le nombre suivant?
10 11 13 14 16 17 ...

4. Écrivez le dernier nombre de cette liste.
1 2 4 7 11 ...

5. Écrivez le 6e nombre.
6 9 12 15 18 ...

Les suites numériques sont également des algorithmes. Les élèves développent ici leur aptitude à résoudre une problématique logique en envisageant mentalement une succession d'hypothèses pour trouver la loi qui relie tous les nombres. Les algorithmes de calculs à découvrir sont innombrables. Dès qu'ils ont intégré le sens de ce jeu, les élèves de CP sont capables d'en inventer par eux-mêmes.

Il est indispensable que les nombres restent suffisamment petits pour que le calcul mental suffise à les résoudre.

Réponses :
1. Nombres pairs de 2 en 2. Ajouter 2. Le 7ᵉ nombre est 14.
2. Nombres impairs en ordre décroissant. Enlever 2. Le 6ᵉ nombre est 21.
3. Algorithme de calculs : + 1; + 2; + 1; + 2...
4. Algorithme de calculs : + 1; + 2; + 3; + 4; + 5 ...
5. Ajouter 3. Le 6ᵉ nombre est 21.

→ *Voir n°* **4**/3; **10**/1

3) Les énoncés logiques

► **ACTIVITÉ 1 : Utiliser un raisonnement de type déductif.**

Exemple 1 : Colorie moins de carrés que de ronds.

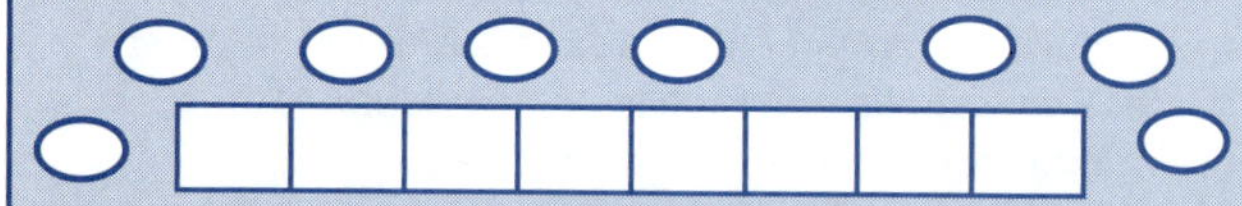

Exemple 2 : Dessine dans la case blanche plus de croix que dans la première case. Dessine dans la case grise plus de croix que dans la case blanche.
Où y a-t-il le plus de croix ?

Exemple 3 : Écrivez les noms de ces 4 objets à la bonne place : ***le robot, le camion, le cube, la balle.***
Le camion est tout en dessous.
Le cube n'est pas sur le camion.
La balle est tout en haut.

Sous le terme « énoncé logique » nous avons regroupé des problèmes courts dont le vocabulaire fait appel à un raisonnement de type logico-déductif. Ils mettent en jeu deux types de relation : des relations numériques et des relations spatiales.

– Relations numériques : *autant que, de moins que, de plus que.* Si *x* en a 3 de plus que *y*, j'en déduis que *y* en a 3 de moins que *x*... Il s'agit de raisonner sur les mots et d'établir des relations arithmétiques entre les nombres : Exemples 1 et 2.

– Relations spatiales : *dessus, dessous, en haut, en bas...* Exemple 3.
C'est le nombre de termes logiques utilisés dans l'énoncé qui en détermine la difficulté. Pour certains élèves la compréhension peut être facilitée par un schéma.

Réponse :
3. En partant du bas : camion, robot, cube, balle.

→ *Voir n°* **1**/3; **3**/5; **5**/4; **6**/2; **9**/3; **11**/3; **12**/2

Numération

► **ACTIVITÉ 1 : Rechercher des nombres à partir de devinettes.**

Je pense à un nombre.
Il est plus grand que 70. Il est plus petit que 80.
Il est impair. La somme de ses chiffres est égale à 12.
Quel est ce nombre?

Les élèves doivent analyser des informations relatives à notre système de numération décimale : la composition des nombres, la valeur de position des chiffres, les règles de groupement et d'échange. Les devinettes proposées mettent en jeu une compétence fondamentale : distinguer la notion de chiffre de la notion de nombre.

Réponse : 70 < n < 80; n = 7? ; n = 75.

→ *Voir n°* **5**/1; **7**/5; **8**/1; **10**/3

ACTIVITÉ 2 : Repérer et recenser des chiffres.

Le chiffre 7.
Aurélien veut écrire les nombres de 70 à 80.
A-t-il assez de chiffres 7 ?

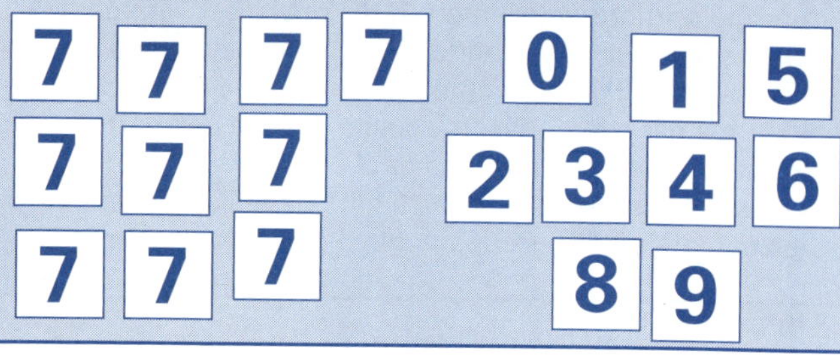

L'activité consiste à chercher combien de fois tel ou tel chiffre est présent dans une suite de nombres donnée. La recherche s'appuie essentiellement sur la mise au point d'une méthode évitant les oublis. Par exemple :
– recherche ordonnée sur les nombres à 1 chiffre;
– recherche ordonnée sur les nombres à 2 chiffres.

Réponse : Non, il faut 11 chiffres 7.

→ *Voir n°* **1**/5; **2**/5; **11**/6

► **ACTIVITÉ 3 : Reconnaître les différentes écritures d'un nombre.**

Quel est l'intrus ?

La résolution de ces situations s'appuie sur la connaissance des différentes écritures d'un nombre :

- écriture chiffrée 19;
- écriture en lettres : *dix-neuf*;
- écriture additive par décomposition dizaines/unités : 10 + 9;
- autres écritures additives : 9 + 8...

Ainsi que sur la notion d'ordre pour les labyrinthes.

Réponse : 10 + 6.

→ *Voir n°* **3**/6; **9**/5

▶ **ACTIVITÉ 4 : Ordonner et comparer des nombres.**

Exemple 1. Quel est le troisième nombre après 38 ?

Exemple 2. Quels sont les numéros des tickets cachés ?

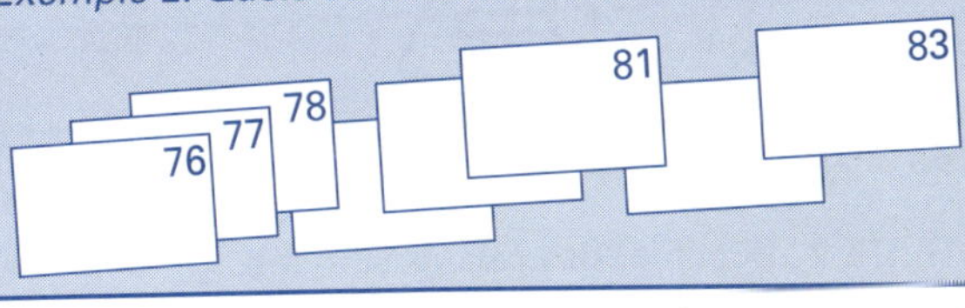

Une seule notion est mise en œuvre dans ces casse-tête très simples : la valeur ordinale des nombres de 0 à 100. Les élèves doivent connaître le prédécesseur et le successeur d'un nombre mais également les rangements croissants et décroissants de suites de nombres. Différents supports sont utilisés dans les classes pour visualiser la suite des nombres (bande numérique ou spirale, par exemple).
Il est conseillé de les laisser à la disposition des élèves afin qu'ils puissent valider leurs hypothèses.

Réponses :
1) 41.
2) 79, 80, 82.

→ *Voir n°* **1**/4; **4**/2; **6**/4; **12**/5

■ Calcul

▶ **ACTIVITÉ 1 : Retrouver des chiffres dans une opération.**

Exemple 1.
Quel est le résultat de cette addition ?

```
  5 ●
+ 4 ■
-----
  ● ●
```

```
  7 w
+ w W
-----
  9 3
```

Exemple 2.
Retrouve l'addition.

Trouver le code utilisé pour masquer les chiffres d'une opération nécessite une stratégie qui évite des tâtonnements trop nombreux. Dans l'exemple 1, on s'aperçoit que c'est la colonne des dizaines qui apporte les réponses. Dans l'exemple 2, w + W = 3, il n'y a que deux hypothèses à vérifier, 1 + 2 ou 2 + 1; la colonne des dizaines apporte la réponse (w = 2). Outre la notion de chiffre, cette activité permet de travailler le calcul rapide et réfléchi nécessaire à la validation des hypothèses.

Réponses :
1) 99.

```
2)  72
  + 21
  ----
    93
```

→ *Voir n°* **11**/5; **12**/3

▶ **ACTIVITÉ 2 : Calculer des scores.**

Exemple 1. Qui a gagné?

Exemple 2. Combien de points Ted doit-il faire pour gagner ?

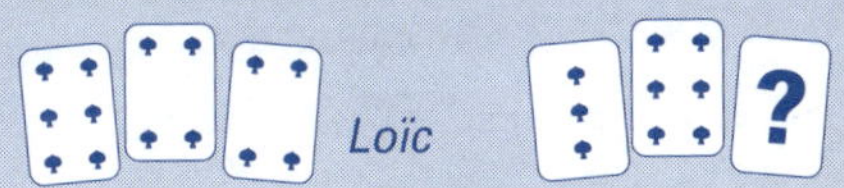

Les élèves effectuent des additions simples, essentiellement de tête, pour comparer des scores et déterminer le gagnant (exemple 1) ou établir un nouveau score supérieur au précédent (exemple 2).

Réponses :
1) Eva
2) 6.

→ *Voir n°* **1**/6; **2**/1; **7**/6; **8**/3

▶ **ACTIVITÉ 3 : Retrouver une somme par tâtonnement.**

Jeu des pions.
Exemple 1. Jean et Agathe doivent prendre 3 pions pour obtenir le résultat.

Exemple 2. Cherche 3 façons de trouver le résultat.
Nombres : 5, 10, 15, 20, 25, 35, 50.
Résultat : 100.

C'est l'activité inverse de celle présentée précédemment. La somme est donnée, il s'agit de retrouver les termes qui la composent. La difficulté réside dans le fait que plusieurs sommes sont à reconstituer. Les élèves procèdent par tâtonnements dans des situations simples avec une solution (exemple 1), et dans des situations plus complexes où plusieurs combinaisons sont possibles (exemple 2).

Réponses :
1) Jean : 9 + 1 + 2 = 12.
Agathe : 8 + 4 + 5 = 17.
2) 5 + 10 + 15 + 20 + 50 = 100. 5 + 20 + 25 + 50 = 100. 15 + 35 + 50 = 100.

→ *Voir n°* **5**/5 ; **6**/5 ; **10**/6

► **ACTIVITÉ 4 : Rechercher un chemin selon des contraintes numériques.**

Quel chemin faut-il suivre pour obtenir 20 ?
Additionne les nombres au fur et à mesure.

Départ : zéro

2	3	4	2
3	1	3	2
4	1	1	4
2	1	2	3

Arrivée : 20

L'activité proposée porte sur une disposition particulière. Elle consiste à suivre un itinéraire en additionnant les nombres au fur et à mesure. Les nombres sont inférieurs à cinq et permettent d'effectuer des calculs de tête rapides. Les élèves peuvent inventer eux-mêmes des itinéraires de plus en plus grands, à proposer à leurs camarades.

Réponse : Il existe plusieurs solutions, en voici une :

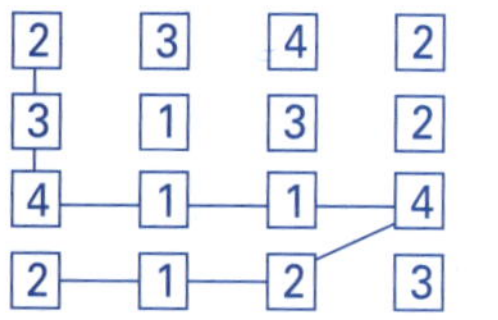

→ *Voir n°* **3**/6; **4**/4; **9**/5; **9**/6

Mesure

1) Les masses

► **ACTIVITÉ 1 : Déduire la masse de différents éléments à partir de représentations de pesées.**

Marinette pèse la pomme, la banane et la poire.
Dessine une balance avec la pomme et la poire.

La stratégie à mettre en œuvre, ici, consiste à interpréter toutes les données initiales puis à en déduire une nouvelle. Pour se familiariser avec cette démarche, il est indispensable que les élèves travaillent déjà sur des objets réels, utilisent une balance et s'habituent à dessiner leurs pesées. L'exemple fourni, malgré une apparente facilité, est difficile dans la mesure où il met en jeu plusieurs notions et compétences :

- lecture de situations d'équilibre et de situations de déséquilibre;
- comparaisons et relations du type *plus lourd que, moins lourd que...*;
- raisonnement de type logico-déductif : « si la pomme est plus lourde que la banane et que la poire a le même poids que la banane, la pomme est plus lourde que la banane »;
- dessiner une situation de déséquilibre.

Réponse :

→ *Voir n°* **6**/1; **7**/1; **8**/2; **10**/4

► **ACTIVITÉ 2 : Effectuer des calculs simples.**

Dessine les poids.

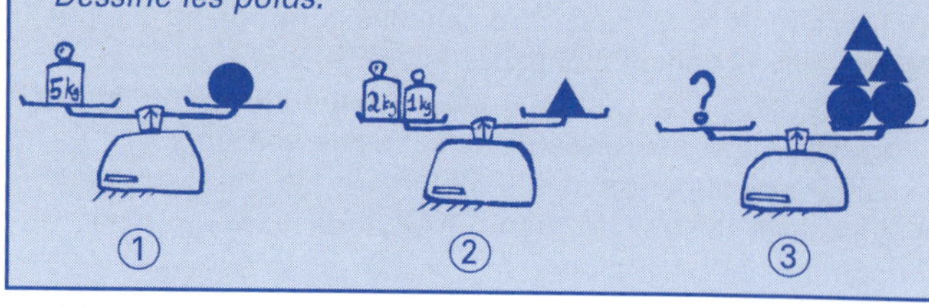

Aux notions recensées dans l'activité 1 s'ajoutent ici des calculs numériques simples.

Réponse : il faut dessiner un ensemble de poids correspondant à une masse totale de 19 kg.

→ *Voir n°* **9**/4

2) Les longueurs

► **ACTIVITÉ 1 : Comparer directement des longueurs.**

Range les crayons du plus long au plus court.

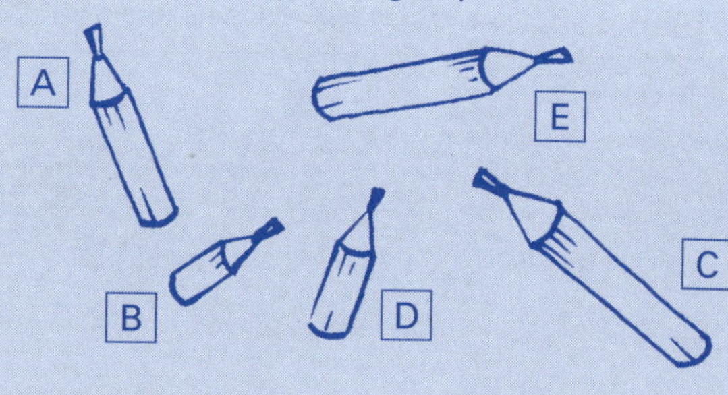

Lors de ces activités, les élèves ont la liberté de procéder au découpage des objets (bandes, représentations d'objets) afin de les comparer par juxtaposition ou superposition. Ces procédures réclament du soin dans le découpage. Par ailleurs, la nécessité de bien positionner les extrémités des objets à mesurer n'est pas toujours évidente pour les enfants. Elle nécessite des manipulations en nombre suffisant.

Réponse : C-E-A-D-B

→ *Voir n°* **3**/3

ACTIVITÉ 2 : Comparer indirectement des longueurs.

Quel est le chemin le plus court ?

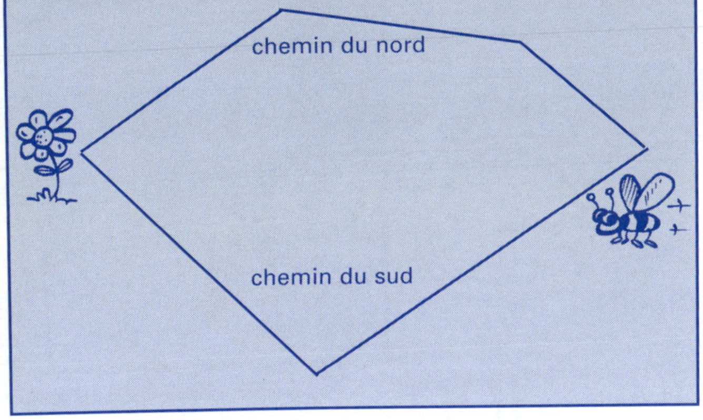

Ces situations font apparaître la nécessité d'utiliser un « outil » permettant de vérifier les hypothèses visuelles (bande de papier, brin de laine, réglette non graduée...). Ces manipulations sont l'occasion de passer d'un vocabulaire courant (*plus grand, plus petit*) à un vocabulaire mathématique (*plus long, plus court, le plus long, le plus court, plus court que*)...

Réponse : chemin du nord.

→ *Voir n°* **2**/2

ACTIVITÉ 3 : Calculer une longueur.

Quel est le chemin le plus long ?

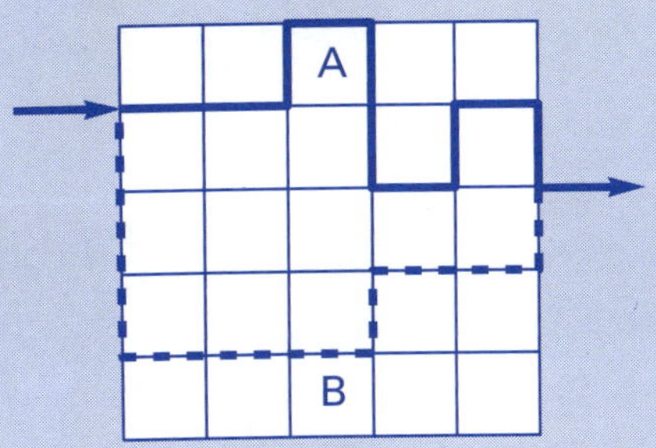

Les calculs sont, à ce niveau de la scolarité, très simples. Il s'agit essentiellement d'utiliser le côté du carreau d'un quadrillage comme unité de mesure.
Les élèves travaillent ici implicitement sur une notion fondamentale pour la suite des apprentissages, qui est l'additivité de la mesure.

Réponse : les 2 chemins ont la même longueur.

→ *Voir n°* **4**/6; **5**/6

3) Le temps

ACTIVITÉ 1 : Reconstituer la chronologie.

Écris les numéros de 1 à 6 pour raconter l'histoire de la bougie.

Dès l'école maternelle, les élèves travaillent sur des images séquentielles présentant les événements familiers aux enfants : déroulement de la journée ou de la semaine, ordre d'actions simples (l'habillage). Les rangements d'actions dans l'ordre chronologique sont l'occasion de faire parler les élèves. Ils utilisent alors le vocabulaire propre à la localisation dans le temps (*avant, après...*) et justifient leur rangement en indiquant les indices significatifs qu'ils ont trouvés et qui traduisent les liens chronologiques entre les images.

→ *Voir n°* **1**/1; **11**/1

ACTIVITÉ 2 : Maîtriser les jours de la semaine.

Octave a écrit les 2 premières lettres de chaque jour sur sa roue de la semaine. Complète-la.

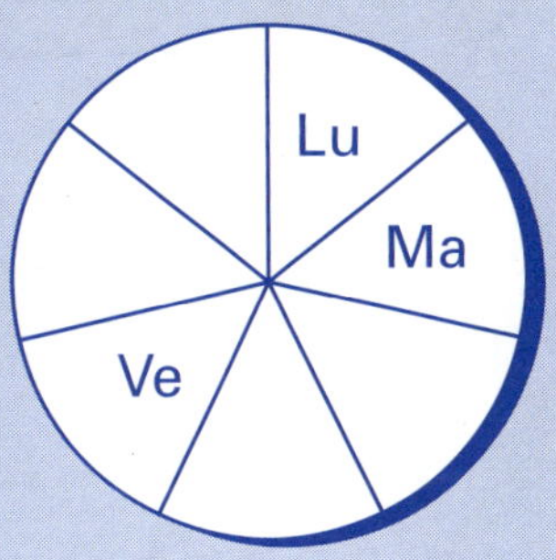

La connaissance de la succession et de la périodicité des jours de la semaine contribue à la mise en place de la structuration et de l'organisation du temps. Les activités portant sur l'antériorité et la postériorité seront l'occasion de travailler sur le vocabulaire adéquat : la veille, le lendemain, 3 jours après dimanche, 2 jours avant lundi...
La manipulation de différents types de calendriers sera une excellente activité préparatoire aux casse-tête proposés.

→ *Voir n°* **11**/1; **12**/1

Règlement

- Vous avez 40 minutes pour résoudre les 6 casse-tête.
- Au début du concours, chaque groupe ou chaque classe a 100 points.
- À chaque bonne réponse on ajoute des points.
- Si la réponse est fausse ou s'il n'y a pas de réponse, on enlève des points.
- Il n'y a qu'une seule feuille pour écrire les réponses.
- Vous avez le droit d'utiliser tous les matériels que vous voulez.
- Le maître ou la maîtresse n'a pas le droit de vous aider.

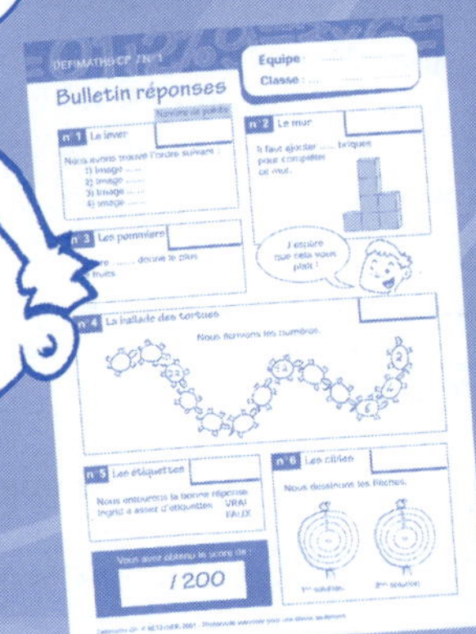

Conseils

- Chacun doit commencer par regarder tous les casse-tête sans chercher les réponses.
- Chacun choisit les casse-tête qu'il veut résoudre.
- Il faut vérifier que **tous** les casse-tête ont été choisis.
- Vous pouvez discuter, échanger vos idées.
- Il faut garder du temps pour se mettre d'accord sur **toutes** les réponses.
- Remplir **très lisiblement** le bulletin réponses.

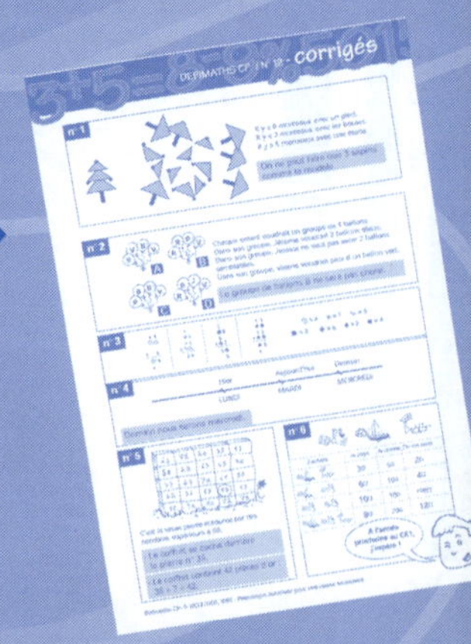

Fiche d'inscription au Défimaths

Tous les élèves de la classe de Mlle, Mme, M* ....

de l'école .... s'engagent à participer au Défimaths

dans la catégorie CP.

Nombre d'élèves : ....

Après avoir pris connaissance du règlement ci-joint, ils l'acceptent.

Ils s'engagent à participer en toute loyauté à ce championnat.

Fait à ...., le ....

SIGNATURES DES ÉLÈVES

SIGNATURE DE L'ENSEIGNANT

SIGNATURE DU DIRECTEUR OU DE LA DIRECTRICE DE L'ÉCOLE

* *Barrer les mentions inutiles.*

DEFIMATHS CP / N° 1
6 CASSE-TÊTE

5 points — n° 1 — Le lever

Range les images dans l'ordre chronologique.

1) .... 2) .... 3) .... 4) ....

10 points — n° 2 — Le mur

Combien faut-il ajouter de briques pour compléter le mur ?

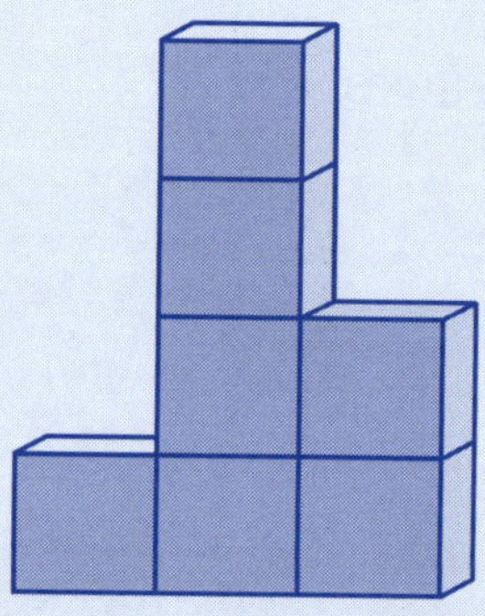

15 points — n° 3 — Les pommiers

Quel arbre donne le plus de pommes ?

La ballade des tortues

20 points
n°4

Écris les numéros qui manquent.

25 points
n°5

Les étiquettes

Ingrid a assez d'étiquettes pour fabriquer les nombre de 0 à 13.
VRAI ou FAUX ?

1 9 6 3 1 2 0 1 3 7 0 8 2 1 4 5 1 1

25 points
n°6

Les cibles

Avec 3 flèches, Œil-de-Lynx obtient 12 points.
Il y a 2 solutions.
Dessine les flèches.

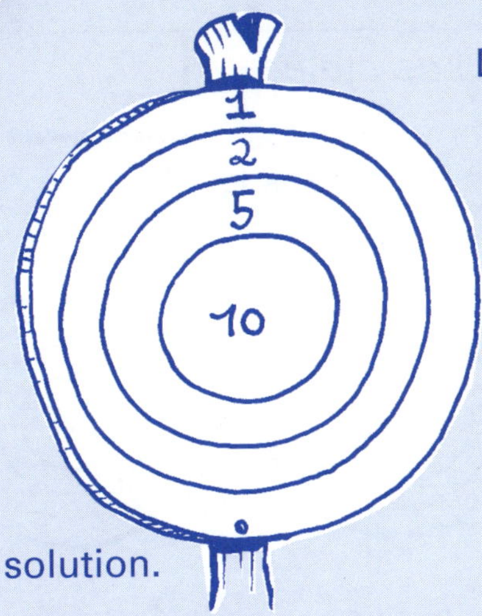

1ère solution.

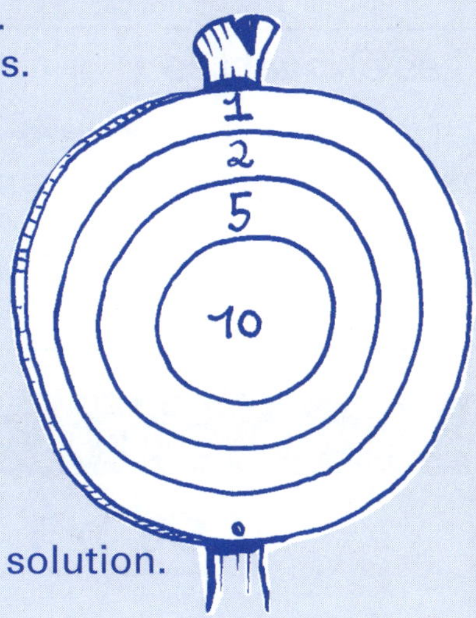

2ème solution.

Bulletin réponses

Équipe : ....

Classe : ....

Nombre de points

n° 1 Le lever

Nous avons trouvé l'ordre suivant :

1) Image ....
2) Image ....
3) Image ....
4) Image ....

n° 2 Le mur

Il faut ajouter ...... briques pour compléter ce mur.

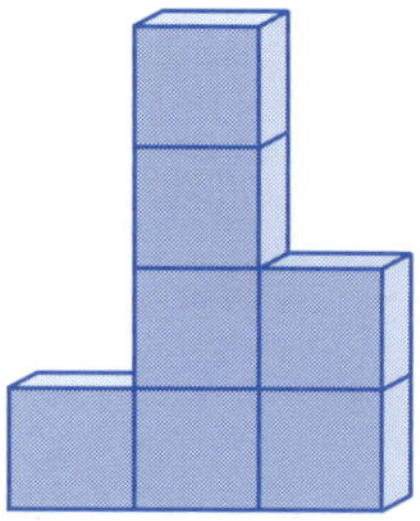

n° 3 Les pommiers

L'arbre .... donne le plus de fruits.

n° 4 La ballade des tortues

Nous écrivons les numéros.

n° 5 Les étiquettes

Nous entourons la bonne réponse.

Ingrid a assez d'étiquettes VRAI
FAUX

Vous avez obtenu le score de :

n° 6 Les cibles

Nous dessinons les flèches.

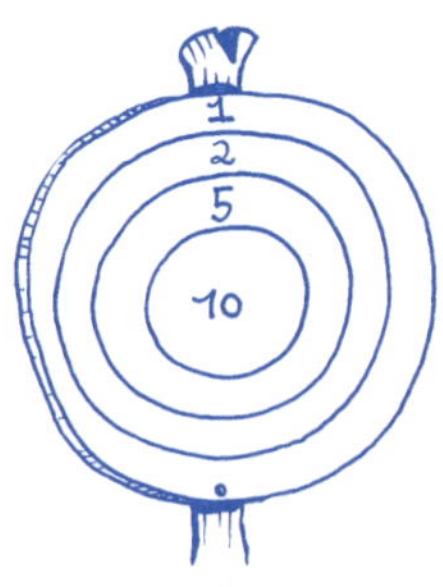

1ère solution.

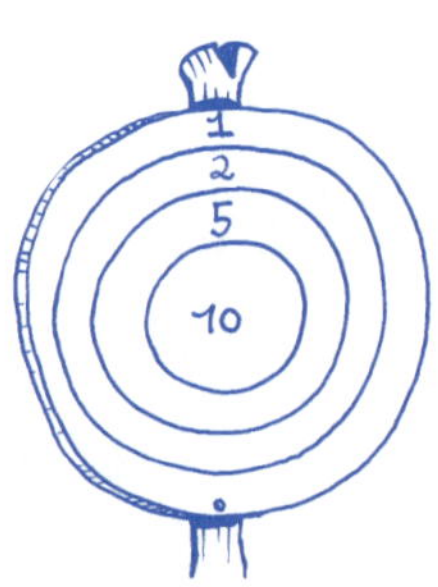

2ème solution.

n°1

Rémi se réveille.

Rémi prend son petit déjeuner.

Rémi se lave les dents.

Rémi promène son chien.

n°2

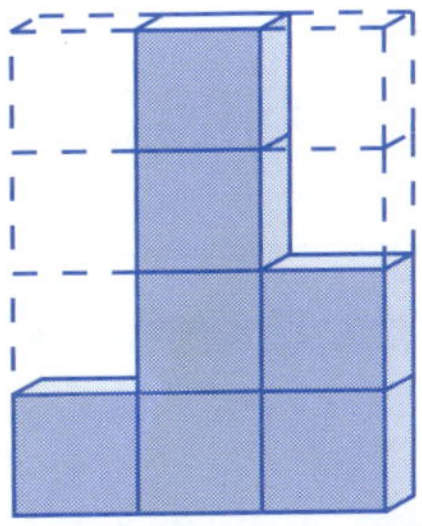

Il fallait ajouter 5 briques pour compléter le mur.

n°3

Le pommier A donne 14 fruits. Le pommier B donne 15 fruits.

Le pommier B donne plus de fruits que le pommier A.

n°4

Les tortues portent des numéros pairs qui se suivent.

n°5 VRAI.

Ingrid a assez d'étiquettes pour faire les nombres de 0 à 13.
Découpez les étiquettes et vérifiez-le.

n°6

Œil-de-Lynx obtient à chaque fois 12 points avec 3 flèches.

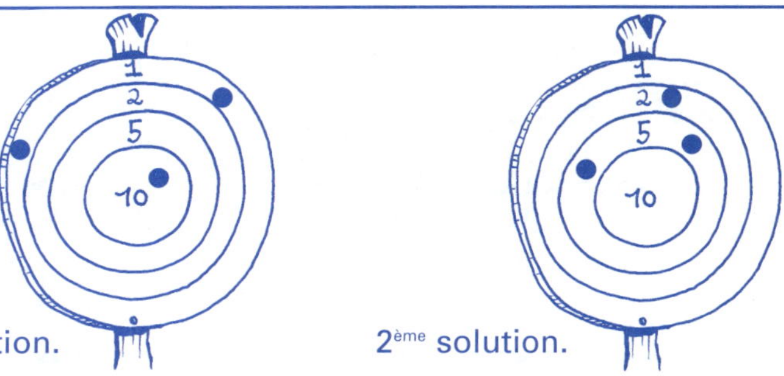

1ère solution. 2ème solution.

DEFIMATHS CP / N° 2
6 CASSE-TÊTE

5 points
n° 1

Les dés

Qui a gagné ?

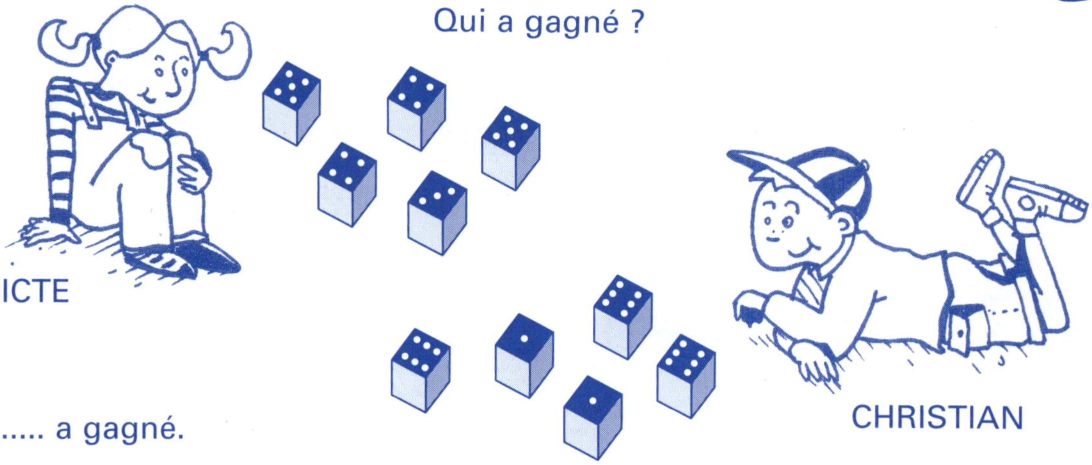

.... a gagné.

10 points
n° 2

Coloriage

Colorie de la même couleur toutes les bandes qui ont la même longueur.

15 points
n° 3

L'anniversaire

Combien Christophe aura-t-il de poissons en tout ? [ ]

20 points **n°4**

Le dernier dessin

Complète le dernier dessin.

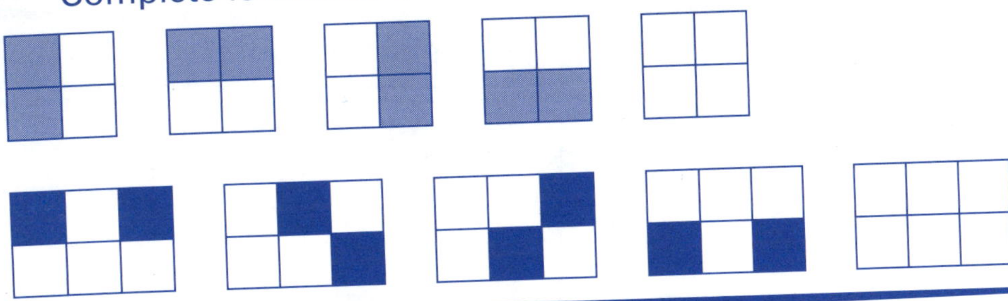

25 points **n°5**

Au tableau !

Thomas veut écrire les nombres de 9 à 34.
A-t-il assez de jetons portant le chiffre 3 ?

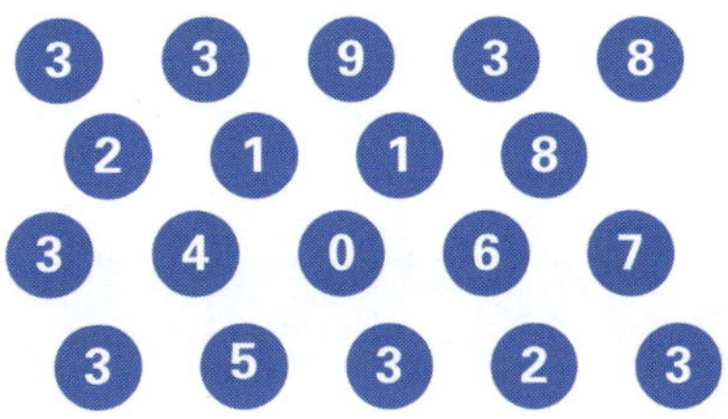

25 points **n°6**

Le miroir

Le reflet du village dans l'eau a 7 erreurs. Trouve-les et entoure-les.

Bulletin réponses

Équipe : ....

Classe : ....

Nombre de points

n° 1 Les dés

.... a gagné.

n° 2 Coloriage

Nous colorions de la même couleur toutes les bandes qui ont la même longueur.

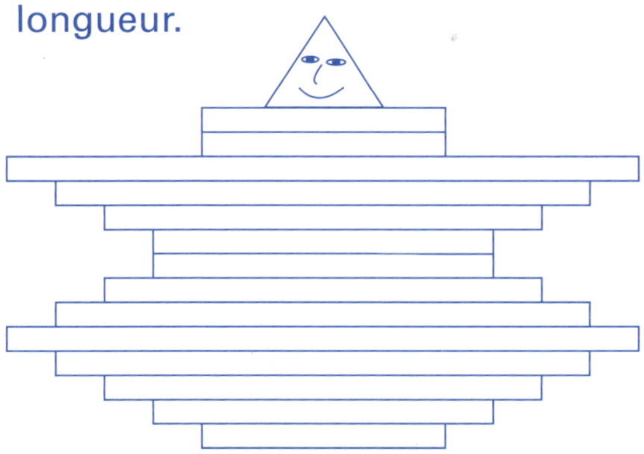

n° 3 L'anniversaire

Christophe aura .... poissons.

n° 4 Le dernier dessin

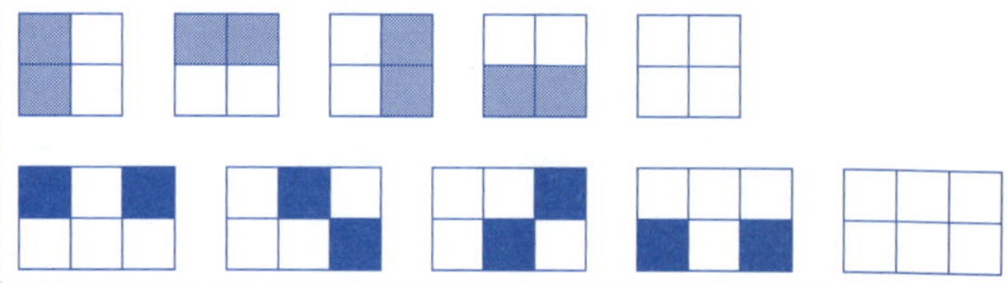

n° 5 Au tableau !

Thomas veut écrire les nombres de 9 à 34. A-t-il assez de jetons portant le chiffre 3 ?

Nous entourons la bonne réponse.

Thomas a assez de jetons. VRAI / FAUX

Vous avez obtenu le score de :

/ 200

n° 6 Le miroir

Nous entourons les 7 erreurs.

n° 1

Bénédicte a gagné.

n° 2

Il y a 5 bandes de différentes longueurs.

n° 3

Christophe aura 25 poissons.

Tu peux les compter dans l'aquarium.

n° 4

Les cases grises avancent d'une case.

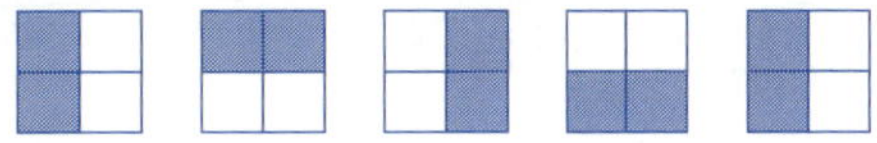

Chaque case noire avance d'une case.

n° 5

Quand Thomas écrit les nombres de 9 à 34, il écrit 1③, 2③, ③0, ③1, ③2, ③③, ③4 qui comportent le chiffre 3.

Il a besoin de 8 jetons portant le chiffre 3.

Thomas possède 7 jetons portant le chiffre 3.

Thomas n'a pas assez de jetons portant le chiffre 3.

n° 6

DEFIMATHS CP / N° 3
6 CASSE-TÊTE

5 points — n° 1
Les Nains

Qui a gagné ?
Quel score a-t-il obtenu ?

.... a gagné avec un score de .... points.

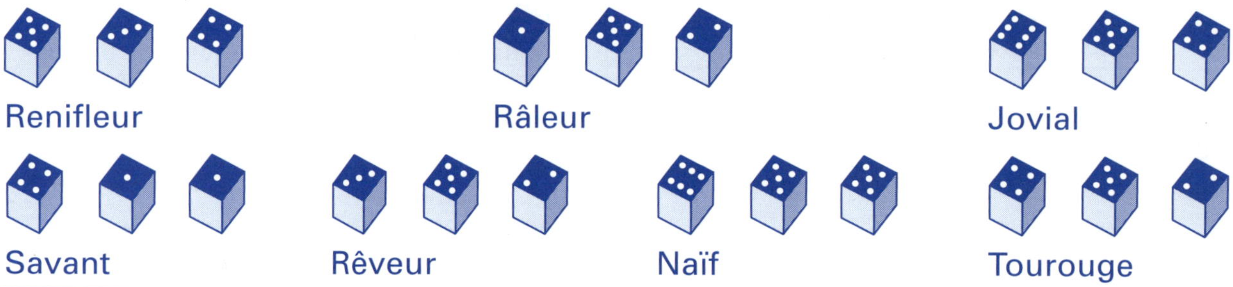

10 points — n° 2
Les fleurs

Marguerite, la fleuriste, prépare 4 bouquets tous pareils.

Dessine un bouquet.

15 points — n° 3
Les bandes

Range les bandes de la plus courte à la plus longue.

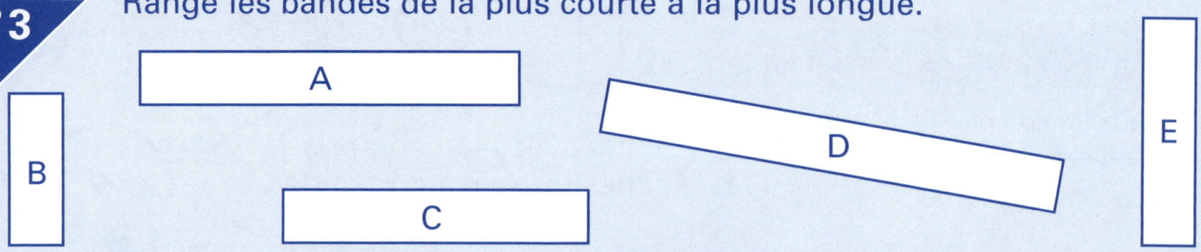

.... < .... < .... < .... < ....

Le puzzle

20 points — **n°4**

Entoure les 3 pièces du puzzle.

25 points — **n°5**

À chacun son plaisir !

Écris les noms des 3 amis à la bonne place.

Jean n'écoute pas de musique.
Benoît joue au ballon.
L'autre s'appelle Damien.

25 points — **n°6**

Le labyrinthe

Pour traverser ce labyrinthe, il faut faire + 1 à chaque pas.
Trace le bon chemin.

Entrée ↓ (colonne « 11 »)

dix	11	10 + 2	14	dix-huit	12 + 7	13 + 7	21	12 + 8	9 + 9
vingt	3 + 7	treize	13	8 + 9	20	9 + 3	vingt-deux	14 + 9	vingt-quatre
quinze	quatorze	9 + 5	quinze	16	17	17	13 + 9	22	25
10 + 3	17	9 + 9	8 + 7	16	13	vingt-quatre	30 + 2	sept	quatorze

Sortie → (ligne « 25 »)

Bulletin réponses

Équipe : ....

Classe : ....

Nombre de points

n°1 Les Nains

.... a gagné avec un score de .... points.

n°2 Les fleurs

Dessin d'un bouquet.

n°3 Les bandes

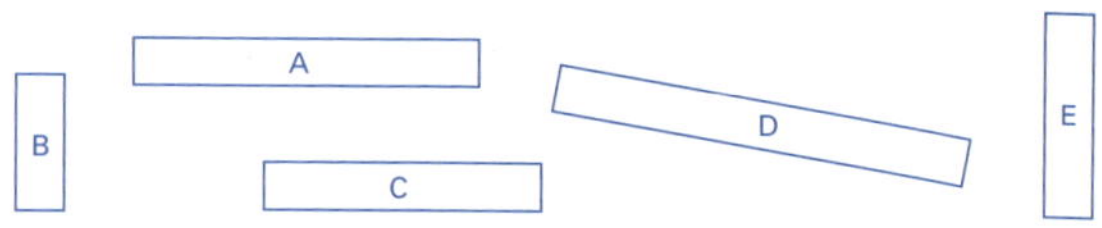

Nous rangeons les bandes en commençant par la plus courte.

........<........<........<........<........

n°4 Le puzzle

Nous entourons les 3 pièces.

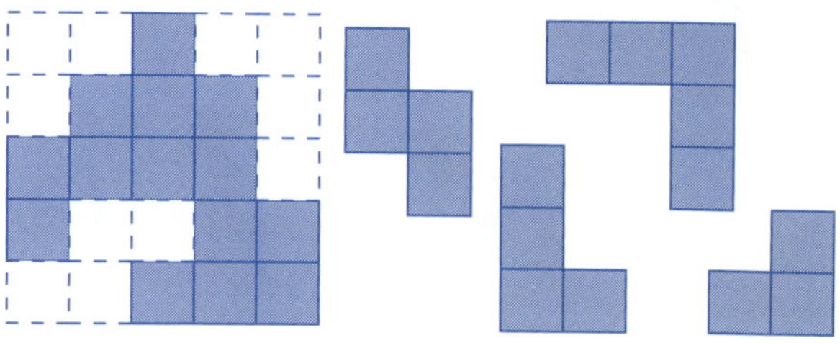

n°5 À chacun son plaisir !

Noms des 3 amis.

n°6 Le labyrinthe

Nous traçons le chemin.

Entrée ↓ (colonne « 11 »)

dix	11	10 + 2	14	dix-huit	12 + 7	13 + 7	21	12 + 8	9 + 9
vingt	3 + 7	treize	13	8 + 9	20	9 + 3	vingt-deux	14 + 9	vingt-quatre
quinze	quatorze	9 + 5	quinze	16	17	17	13 + 9	22	25 → Sort
10 + 3	17	9 + 9	8 + 7	16	13	vingt-quatre	30 + 2	sept	quatorze

Vous avez obtenu le score de :

/ 200

n° 1

Renifleur
12 points

Râleur
8 points

Jovial
15 points

Savant
6 points

Rêveur
10 points

Naïf
16 points

Tourouge
11 points

Naïf a gagné avec un score de 16 points.

n° 2

Marguerite fait des bouquets avec 3 tulipes et 4 roses.

tulipes
→ 3 + 3 + 3 + 3

roses
→ 4 + 4 + 4 + 4

n° 3

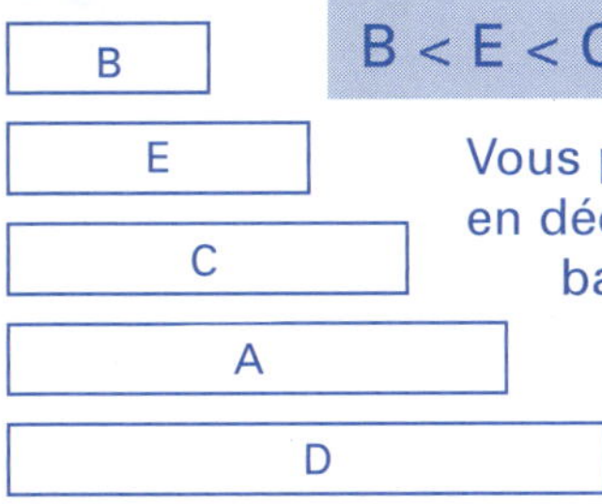

B < E < C < A < D

Vous pouvez le vérifier en découpant les bandes.

n° 4

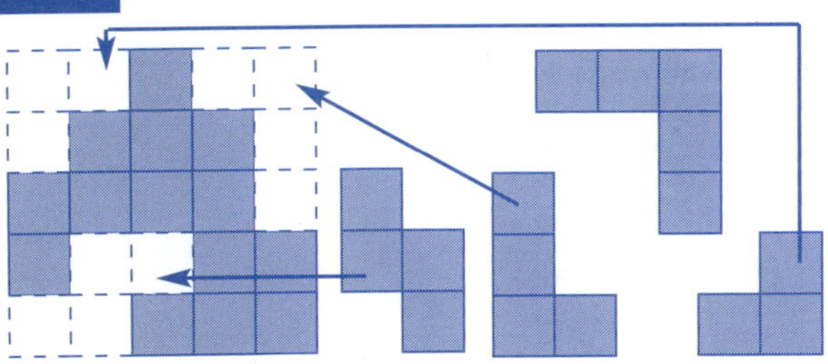

Il faut faire pivoter les pièces.

Vous pouvez le vérifier en découpant les pièces et en les superposant.

n° 5

JEAN	DAMIEN	BENOÎT
Il n'écoute pas de musique.	C'est le troisième.	Il joue au ballon.

n° 6

Entrée ↓

dix	11	10 + 2	14	dix-huit	12 + 7	13 + 7	21	12 + 8	9 + 9
vingt	3 + 7	treize	13	8 + 9	20	9 + 3	vingt-deux	14 + 9	vingt-quatre
quinze	quatorze	9 + 5	quinze	16	17	17	13 + 9	22	25
10 + 3	17	9 + 9	8 + 7	16	13	vingt-quatre	30 + 2	sept	quatorze

→ Sortie

DEFIMATHS CP / N° 4
6 CASSE-TÊTE

5 points — n°1 — Dans le parc du château

Fais une croix rouge à l'endroit où les 2 garçons vont se rencontrer.
Fais une croix bleue à l'endroit où les 2 filles vont se rencontrer.

10 points — n°2 — Au théâtre

Place les retardataires à la bonne place.

15 points — n°3 — Quel nombre ?

Écris le dernier nombre de chaque liste.

. 28 26 24 22 ...
. 37 39 41 43 ...
. 30 35 40 45 ...
. 46 48 47 49 48 ...
. 40 42 45 49 54 ...

20 points — **n° 4**

Le Petit Chaperon rouge

Le Petit Chaperon rouge ramasse des fleurs pour sa grand-mère.
Trace le chemin qu'elle prend pour en avoir le plus possible.

25 points — **n° 5**

Les tirelires

Qui a la plus grande somme d'argent ?

VALENTIN

10 € | 5 € | 1 € | 10 €

MARION

5 € | 10 € | 20 € | 2 €

CAMILLE

10 € | 10 € | 1 € | 5 € | 5 €

.... a la plus grande somme d'argent et possède .... €.

25 points — **n° 6**

Le chien

Combien mesure le chien de la famille Toutenlong ?

Le chien mesure .... pieds de Marc.
Le chien mesure .... pieds de Luc.

Bulletin réponses

Équipe : ....

Classe : ....

Nombre de points

n° 1 Dans le parc du château

Nous faisons chaque croix au bon endroit.

n° 2 Au théâtre

Nous plaçons les retardataires.

n° 3 Le dernier nombre

Nous inscrivons le dernier nombre.

. 28 26 24 22 ...
. 37 39 41 43 ...
. 30 35 40 45 ...
. 46 48 47 49 48 ...
. 40 42 45 49 54 ...

n° 4 Le Petit Chaperon rouge

Nous traçons le chemin.

n° 5 Les tirelires

.... a la plus grande somme d'argent et possède .... €.

n° 6 Le chien

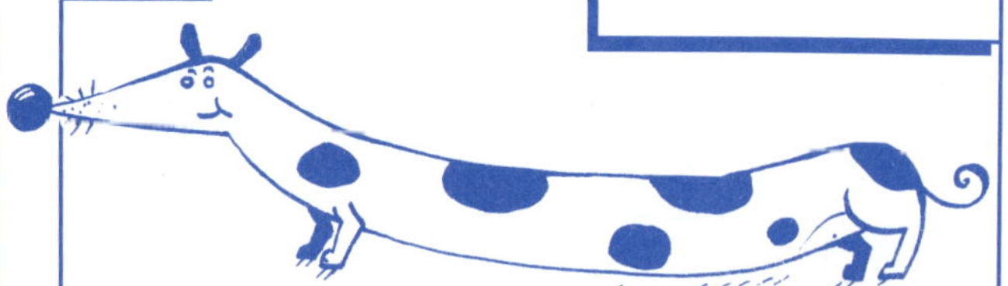

Le chien mesure .... pieds de Marc.
Le chien mesure .... pieds de Luc.

Vous avez obtenu le score de :

/ 200

DEFIMATHS CP / N° 4 - corrigés

n°1

n°2

n°3

28 26 24 22 20 (les nombres pairs)
37 39 41 43 45 (les nombres impairs)
30 35 40 45 50 (de 5 en 5)
46 48 47 49 48 50 (plus 2, moins 1)
40 42 45 49 54 60 (plus 1, plus 2, plus 3, plus 4...).

n°4

Le Petit Chaperon rouge peut ainsi ramasser 26 fleurs.

n°5

Marion possède 35 €.

5 + 10 + 20 = 35

Elle a la plus grande somme d'argent.

n°6

Le chien mesure 8 pieds de Marc.

Il faut compter les pieds sur le dessin.

Le chien mesure 16 pieds de Luc.

1 pied de Marc mesure 2 pieds de Luc.

DEFIMATHS CP / N° 5
6 CASSE-TÊTE

5 points — n°1

Le nombre caché

Je suis plus grand que 30.
Je suis plus petit que 40.
Mon chiffre des unités est
plus grand que 8.

Je suis [ ]

10 points — n°2

Le jeu de construction

Combien y a-t-il de briques dans cette construction ?

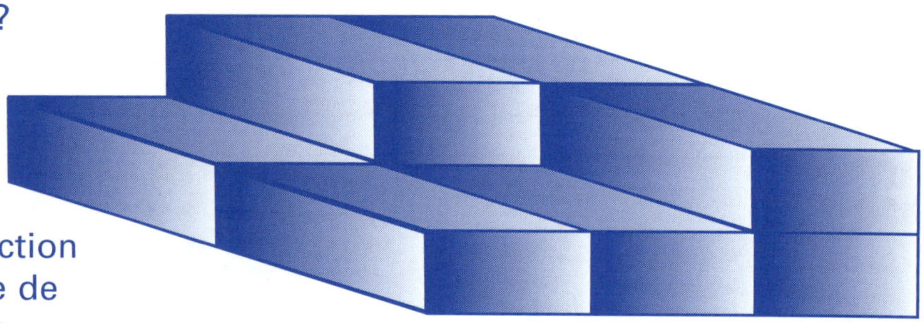

Cette construction est composée de .... briques.

15 points — n°3

Les Indiens

	5 ans	6 ans	7 ans	8 ans
Julien			X	
Nina		X		
Marc	X			
Léa				X

Le plus jeune sera le sorcier de la tribu.

Le plus âgé sera le chef de la tribu.

.... sera sorcier.
.... sera le chef.

Les animaux au cirque

20 points

n°4

Le chien, le chat, l'âne et le coq font une pyramide.

L'âne est tout en dessous.

Le chat n'est pas sur l'âne.

Le coq est tout en haut.

Écris le nom des animaux à la bonne place.

Le jeu des jetons

25 points

n°5

Marc et Alexandre ont pris chacun 3 jetons pour obtenir le résultat donné.
Dessine les jetons dans le tableau.

Prénom	*Total*	*Jetons*
Marc	13	
Alexandre	16	

6 2 4 9 5 3

À table !

25 points

n°6

Rasibus le rat et Tortillarde la tortue se dirigent vers leur repas favori.
Qui a le moins de chemin à faire pour passer à table ?

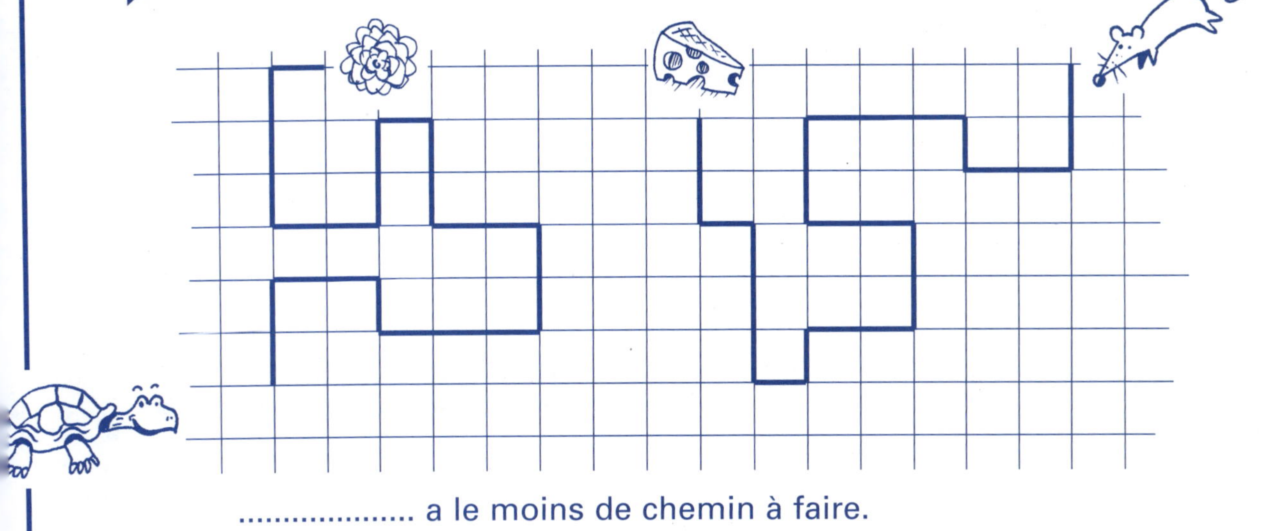

.... a le moins de chemin à faire.

Bulletin réponses

Équipe : ....

Classe : ....

Nombre de points

n° 1 Le nombre caché

Il est plus grand que 30.
Il est plus petit que 40.
Le chiffre des unités est plus grand que 8.
Nous pensons que le nombre est :

n° 2 Le jeu de construction

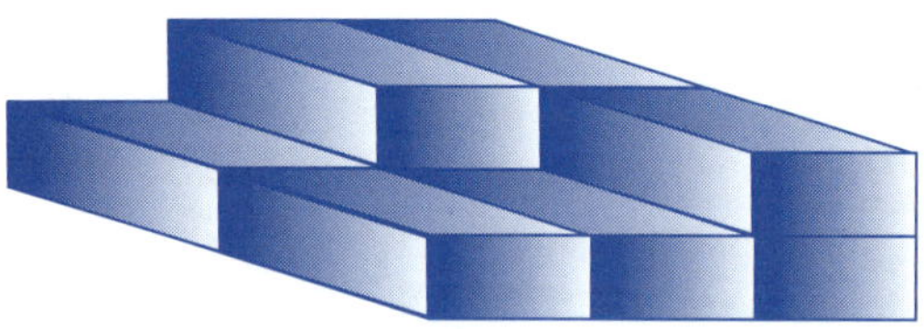

Cette construction est composée de .... briques.

n° 3 Les Indiens

.... sera sorcier, c'est le plus jeune.

.... sera le chef de la tribu, c'est le plus âgé.

n° 4 Les animaux au cirque

Nous avons écrit le nom des animaux à la bonne place.

n° 5 Le jeu des jetons

Nous avons dessiné les jetons.

Prénom	*Total*	*Jetons*
Marc	13	
Alexandre	16	

n° 6 À table !

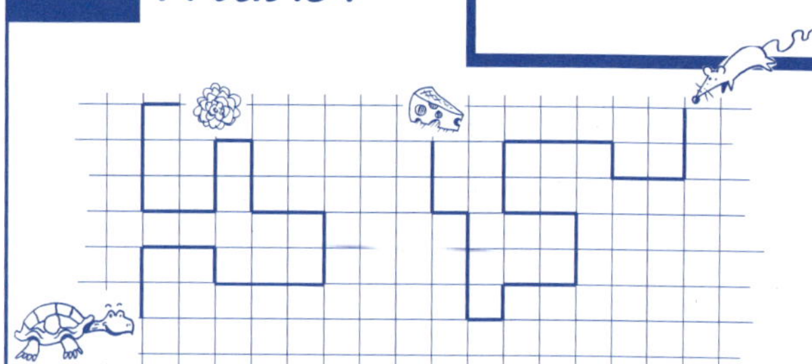

.... a le moins de chemin à faire.

Vous avez obtenu le score de :

/ 200

DEFIMATHS CP / N° 5 - corrigés

n° 1

Le nombre est plus grand que 30 et plus petit que 40.
Le chiffre des dizaines est 3.

Le chiffre des unités est plus grand que 8.
Le chiffre des unités est 9.

Le nombre est 39.

n° 2

En bas, il y a 6 briques.
En haut, il y a 3 briques.
6 + 3 = 9

La construction est composée de 9 briques.

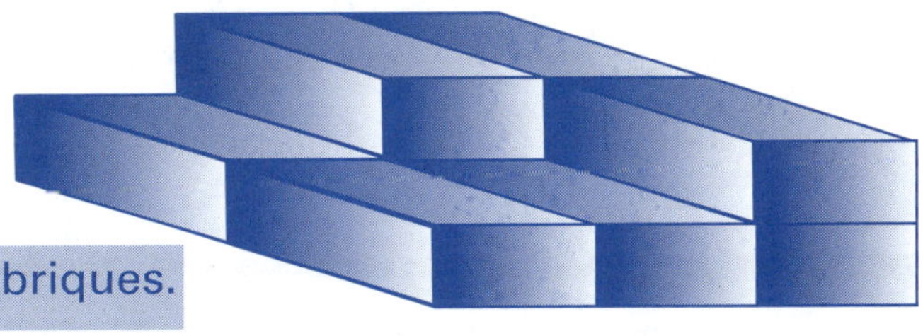

n° 3

	5 ans	6 ans	7 ans	8 ans
Julien			X	
Nina		X		
Marc	X			
Léa				X

Marc a 5 ans. C'est le plus jeune.

Marc sera sorcier.

Léa a 8 ans. C'est la plus âgée.

Léa sera le chef de la tribu.

n° 4

L'âne est tout en dessous. → ÂNE

Le chat n'est pas sur l'âne. → CHAT

Le coq est tout en haut. → COQ

COQ
CHAT
CHIEN
ÂNE

n° 5

Marc : 13

⑥ ⑤ ②

Alexandre : 16

⑨ ④ ③

n° 6

Rasibus le rat et Tortillarde la tortue se dirigent vers leur repas favori.

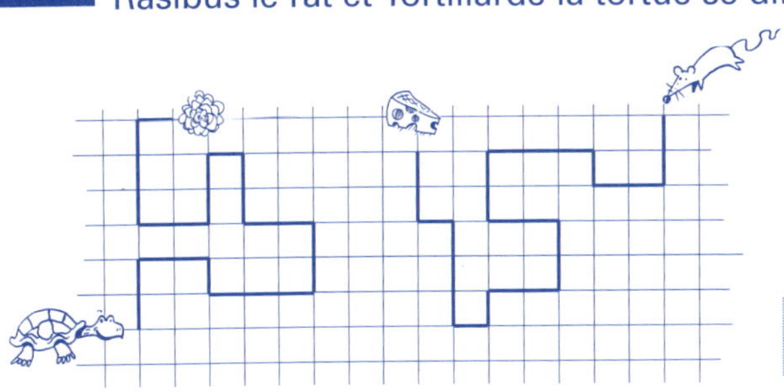

Tortillarde, la tortue, a 23 carreaux à parcourir pour atteindre la salade.
Rasibus, le rat, a 24 carreaux à parcourir pour atteindre le fromage.

La tortue a le moins de chemin à faire.

DEFIMATHS CP / N° 6
6 CASSE-TÊTE

5 points — n° 1 — Les animaux

Range les animaux du plus lourd au plus léger.

le chat — l'éléphant — l'escargot — le chien

.... > .... > .... > ....

10 points — n° 2 — Les jardiniers

MARIE — BÉATRICE — CHRISTIAN

Palmier — Pommier — Poirier

L'enfant qui a planté un pommier est un garçon.
L'arbre de Marie est à droite de celui de Christian.
Trouve quel est l'arbre de chaque enfant.

15 points — n° 3 — Le maçon

Aide le maçon à terminer la pose de son carrelage.

20 points

n°4

La grenouille

Pour attraper la libellule, Grenouillette passe par les nombres impairs de plus en plus grands.

Trace son chemin.

25 points

n°5

Le jeu des jetons

Quels jetons chacun doit-il prendre pour réaliser le score donné ?
Dessine les jetons dans le tableau.

Prénom	*Score*	*Jetons*
Toto	21	
Titi	17	
Tutu	18	

25 points

n°6

Les ballons

Le marchand de ballons tient 18 ballons rouges et 13 ballons verts dans une main, et 26 ballons bleus dans l'autre. Trois ballons éclatent.

Combien a-t-il de ballons dans les mains maintenant ?

Bulletin réponses

Équipe : ....

Classe : ....

Nombre de points

n° 1 Les animaux

Nous rangeons les animaux du plus lourd au plus léger.

le chat l'éléphant l'escargot le chien

.... > .... > .... > ....

n° 2 Les jardiniers

Nous écrivons les noms des enfants au bon endroit.

Palmier Pommier Poirier

n° 3 Le maçon

Nous terminons le carrelage.

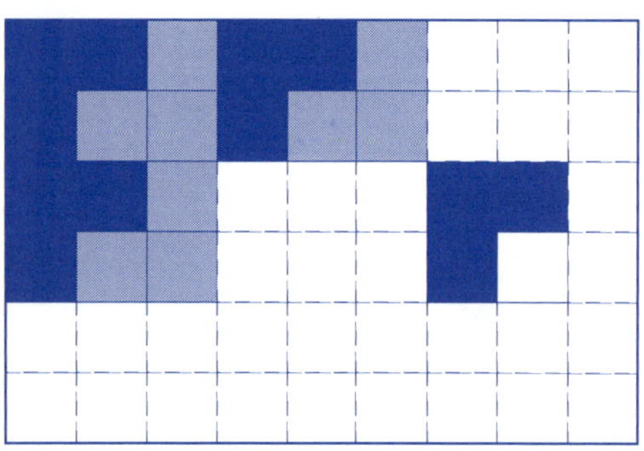

n° 4 La grenouille

Nous traçons le chemin de Grenouillette.

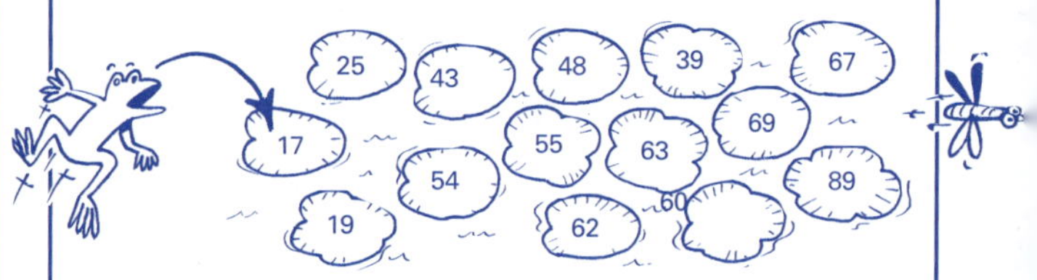

n° 5 Le jeu des jetons

Nous dessinons les jetons.

Prénom	*Score*	*Jetons*
Toto	21	
Titi	17	
Tutu	18	

n° 6 Les ballons

Le marchand a .... ballons dans les mains maintenant.

Vous avez obtenu le score de :

/ 200

n° 1

l'éléphant — le chien — l'escargot

l'éléphant > le chien > le chat > l'escargot

n° 2

Palmier	Pommier	Poirier
Béatrice	Christian	Marie

- Christian est le seul garçon : Christian a planté le pommier.
- L'arbre de Marie se trouve à droite du pommier de Christian : Marie a planté le poirier.
- Béatrice a planté le palmier.

n° 3

Voici le carrelage terminé.

n° 4

Pour attraper la libellule, Grenouillette a suivi ce chemin, par exemple.

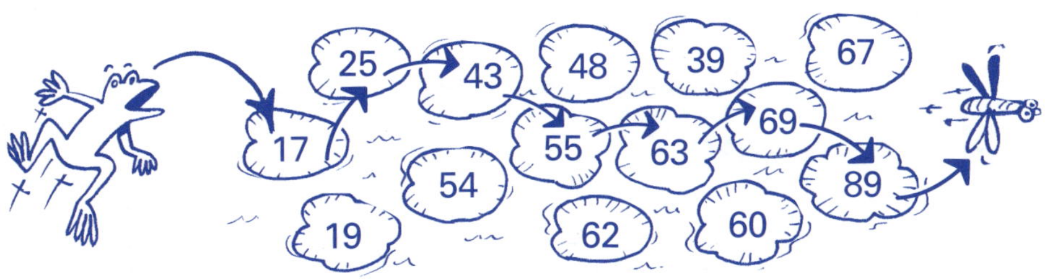

n° 5

Prénom	*Score*	*Jetons*
Toto	21	6 15
Titi	17	10 4 3
Tutu	18	9 9

n° 6

Maintenant, le marchand a 54 ballons.

Dans une main, il a 31 ballons :
18 + 13 = 31.

Dans l'autre, il a 26 ballons.

En tout, il a 57 ballons :
31 + 26 = 57.

3 ballons éclatent :
57 – 3 = 54.

DEFIMATHS CP / N° 7
6 CASSE-TÊTE

5 points — n° 1 — Les balances

Colorie, sur chaque balance, l'objet le plus lourd.

10 points — n°2 — Le jeu de construction

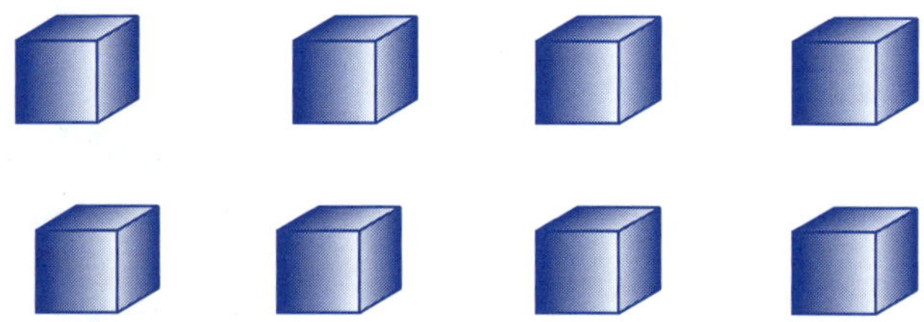

Ali a-t-il assez de petits cubes pour finir la construction du gros cube ?

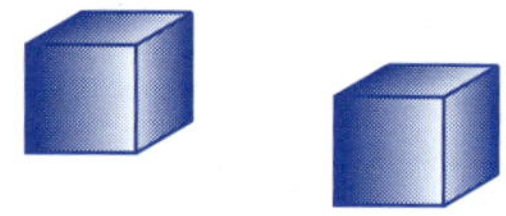

15 points — n°3 — Quel dessin ?

À chaque ligne, fais le dessin suivant.

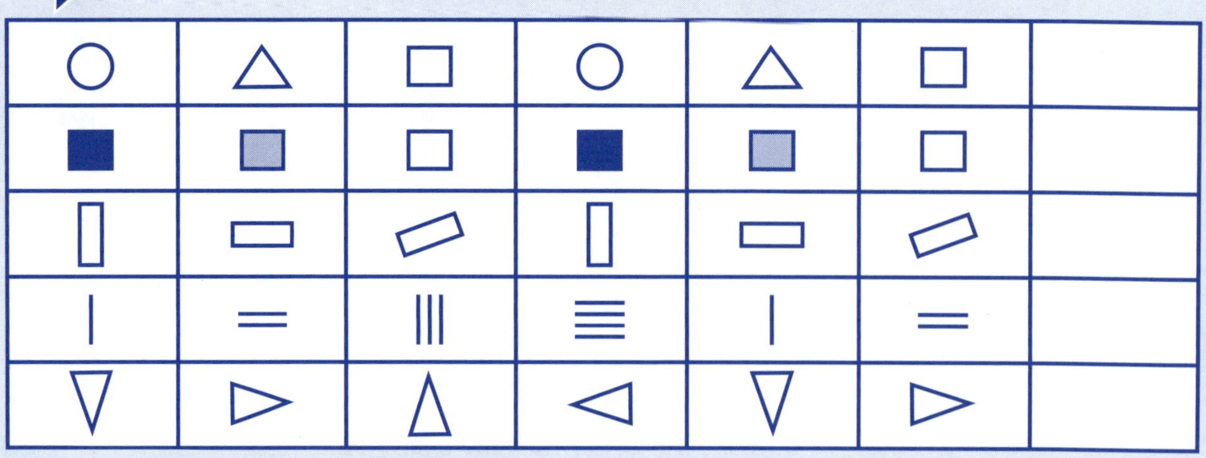

Au marché

20 points

n° 4

Dessine et remplis un panier.

Les nombres

25 points

n° 5

Réponds aux 4 devinettes.

1) Je suis un nombre entre 40 et 50.
Mon chiffre des unités est 7. Qui suis-je ? ____

2) Je suis un nombre entre 45 et 55.
Mon chiffre des unités est 2. Qui suis-je ? ____

3) Je suis un nombre. Si on m'ajoute 10, on obtient 34. Qui suis-je ? ____

4) Je suis un nombre. Si on m'enlève 5, on obtient 30. Qui suis-je ? ____

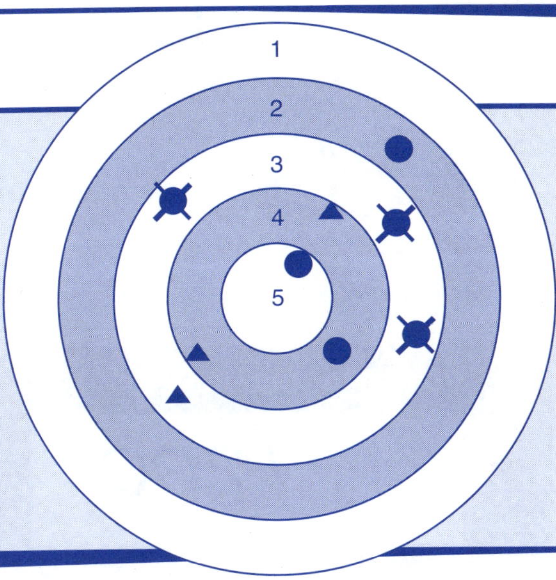

La cible

n° 6

25 points

● JEAN

✕ TOM

▲ LÉA

Qui a gagné ? ____

Avec quel score ? ____

Bulletin réponses

Équipe : ....

Classe : ....

Nombre de points

n° 1 Les balances

Nous colorions, sur chaque balance, l'objet le plus lourd.

n° 2 Le jeu de construction

Nous entourons la bonne réponse.

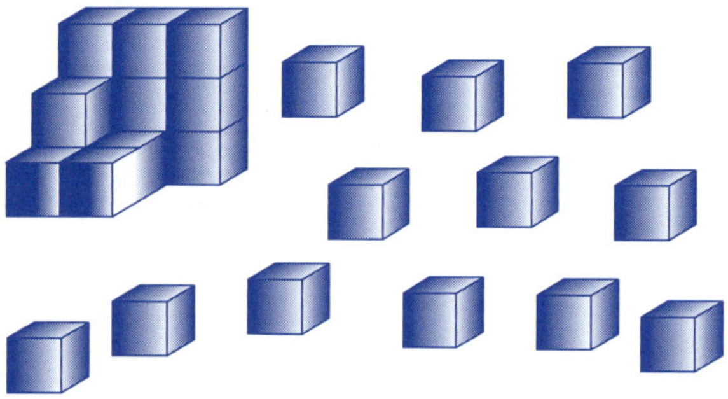

Ali a-t-il assez de petits cubes ?

OUI NON

n° 3 Quel dessin ?

Nous dessinons le dessin suivant.

○	△	□	○	△	□	
■	▨	□	■	▨	□	
▯	▭	▱	▯	▭	▱	
|	=	|||	≡	|	=	
▽	▷	△	◁	▽	▷	

n° 4 Au marché

Dans chaque panier, nous mettons .... salades et .... carottes.

n° 5 Les nombres

1) Je suis un nombre entre 40 et 50.
Mon chiffre des unités est 7.

Je suis [ ]

2) Je suis un nombre entre 45 et 55.
Mon chiffre des unités est 2.

Je suis [ ]

3) Je suis un nombre.
Si on m'ajoute 10, on obtient 34.

Je suis [ ]

4) Je suis un nombre.
Si on m'enlève 5, on obtient 30.

Je suis [ ]

n° 6 La cible

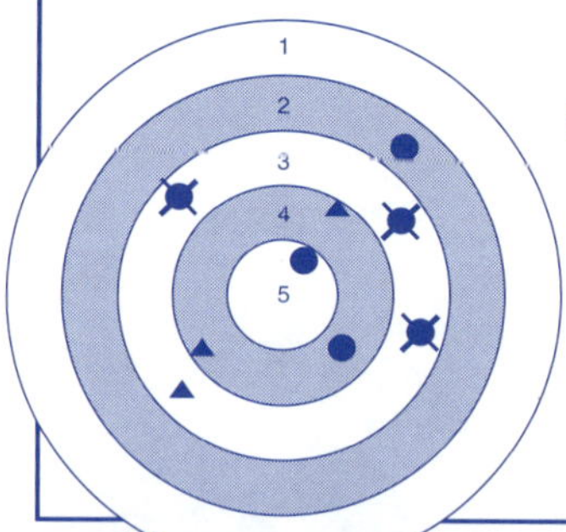

Qui a gagné ?
....

Avec quel score ?
....

Vous avez obtenu le score de :

/ 200

n° 1

L'objet le plus lourd fait baisser la balance de son côté.

n° 2

Ali n'a pas assez de petits cubes pour réaliser la construction.

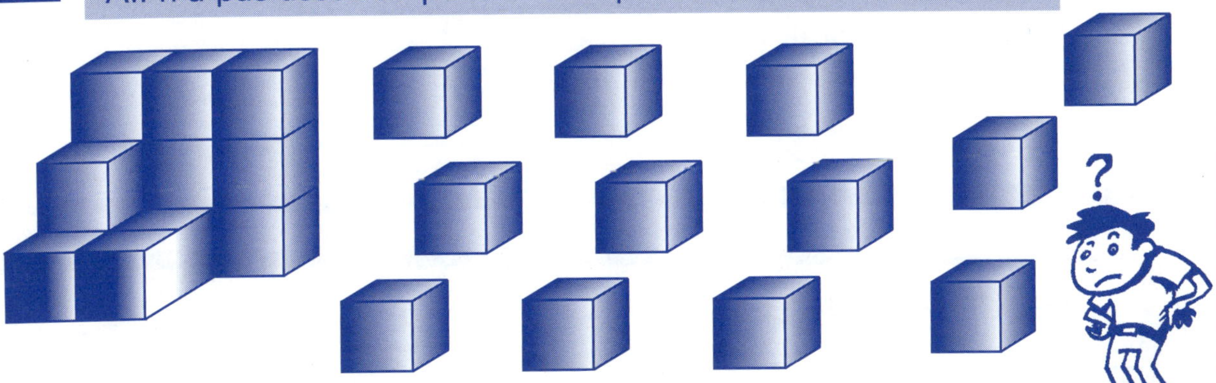

Il faut 14 petits cubes pour réaliser cette construction.

Ali a 12 petits cubes.

n° 3

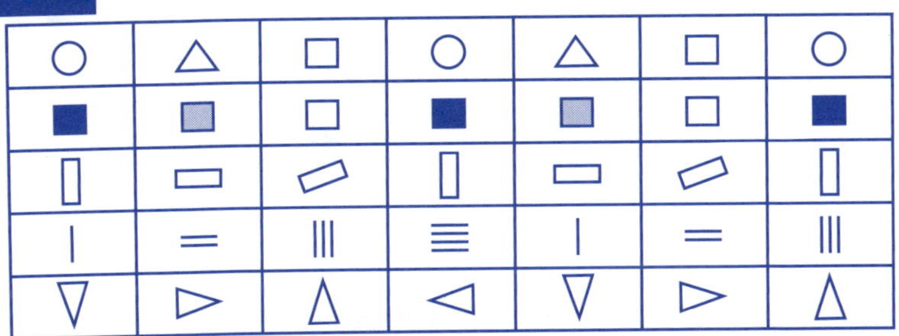

rond, triangle, carré...

noir, gris, blanc...

vertical, horizontal, oblique...

1 trait, 2 traits, 3 traits, 4 traits...

pointe en bas, à droite, en haut, à gauche...

n° 4

Dans chaque panier il y a : 4 salades et 5 carottes.

n° 5

1) Entre 40 et 50, chiffre des unités 7 ➩ **47**
2) Entre 45 et 55, chiffre des unités 2 ➩ **52**
3) 24 + 10 = 34 ➩ **24**
4) 35 – 5 = 30 ➩ **35**

n° 6

Léa et Jean ont gagné, avec un score de 11 points.

●	JEAN	5 + 4 + 2 = 11
✖	TOM	3 + 3 + 3 = 9
▲	LÉA	4 + 4 + 3 = 11

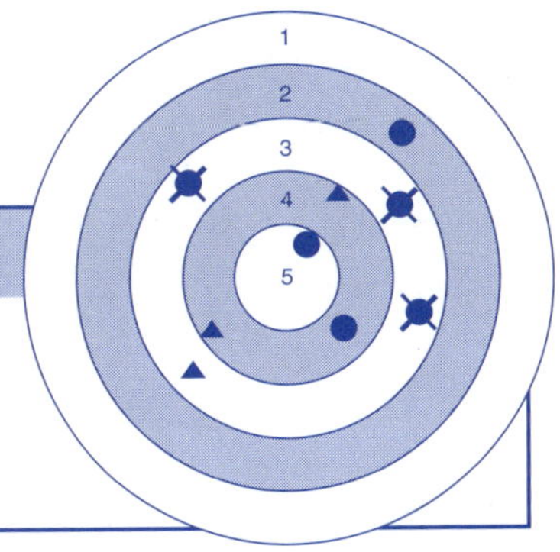

DEFIMATHS CP / N° 8
6 CASSE-TÊTE

5 points — **n° 1**

2 devinettes

- Je suis un nombre entre 50 et 60.
  Mon chiffre des unités est le même que mon chiffre des dizaines.
  Qui suis-je ? [   ]
- Je suis un nombre.
  Si on m'ajoute 10, on obtient 69.
  Qui suis-je ? [   ]

10 points — **n° 2**

Les balançoires

Qui est le plus léger ? [   ]

15 points — **n° 3**

Qui sera Robin des Bois ?

Où la dernière flèche d'Aurélien doit-elle arriver pour obtenir un point de plus que Paul ?

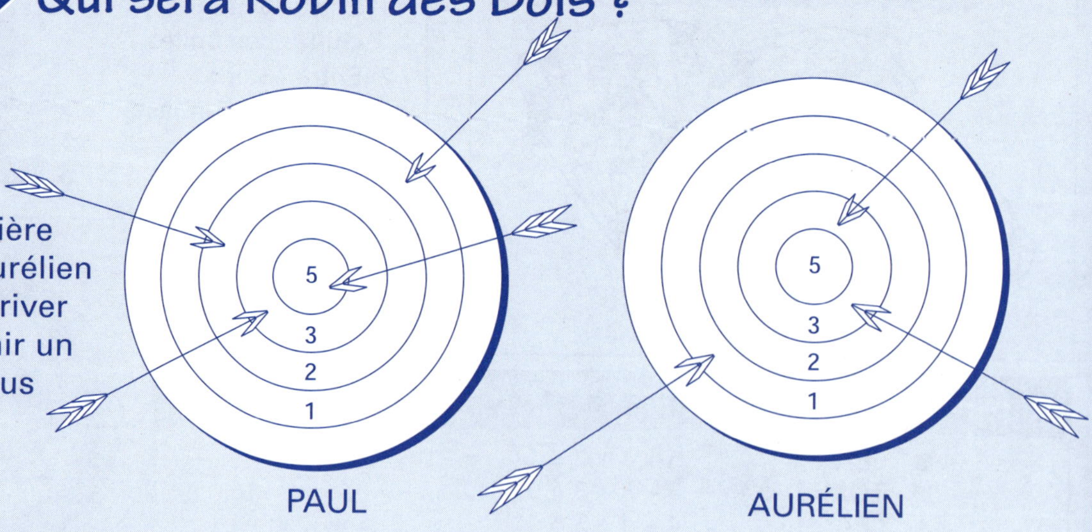

Coloriage

20 points **n° 4**

Colorie les ronds en respectant la symétrie.

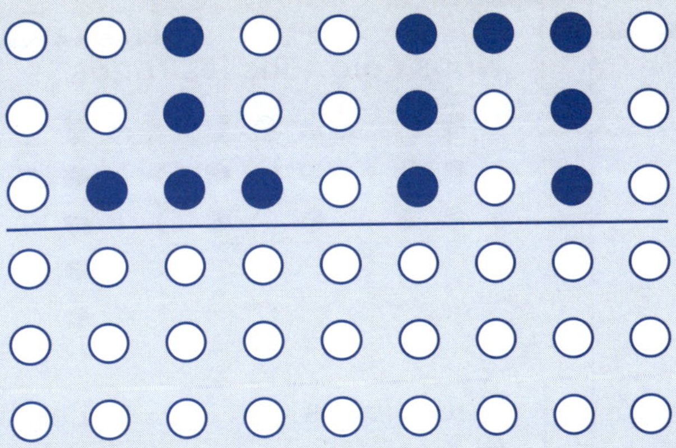

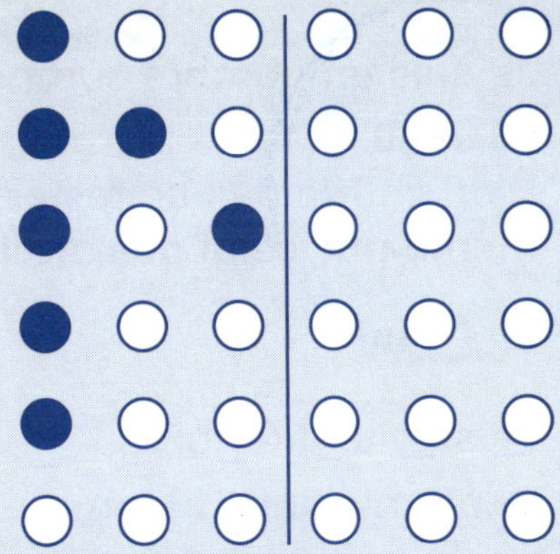

Quel mot lis-tu ? ....

Quel chiffre est apparu ?

25 points **n° 5**

Quel dessin ?

Fais à chaque fois le dessin suivant.

1 ?

2 ?

3 ?

4 ?

5

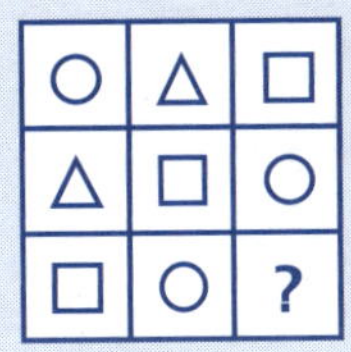

25 points **n° 6**

La course

Audrey et Charlotte participent à une course à vélo de 25 kilomètres.

Audrey a déjà parcouru 20 kilomètres et Charlotte 18.

Qui est en tête ?

Combien de kilomètres Audrey doit-elle encore parcourir ?

Combien de kilomètres Charlotte doit-elle encore parcourir ?

Bulletin réponses

Équipe : ....

Classe : ....

Nombre de points

n°1 2 devinettes

- Je suis un nombre compris entre 50 et 60.
  Mon chiffre des unités est le même que celui des dizaines.

  Je suis ☐

- Je suis un nombre.
  Si on m'ajoute 10, on obtient 69.

  Je suis ☐

n°2 Les balançoires

L'enfant le plus léger s'appelle ....

n°3 Qui sera Robin des Bois ?

Nous dessinons la dernière flèche d'Aurélien.

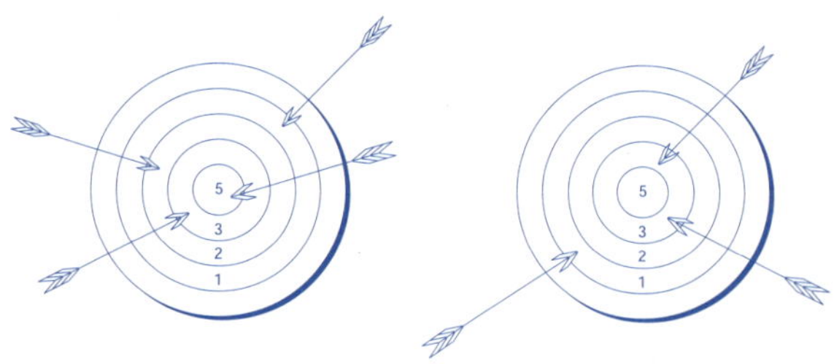

PAUL AURÉLIEN

n°4 Coloriage

Nous colorions les ronds.

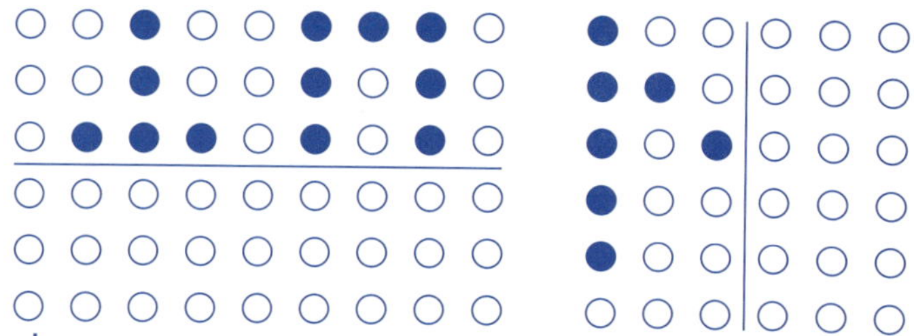

Nous lisons le mot ....

Le chiffre ..... est apparu.

n°5 Quel dessin ?

Nous dessinons le dessin manquant.

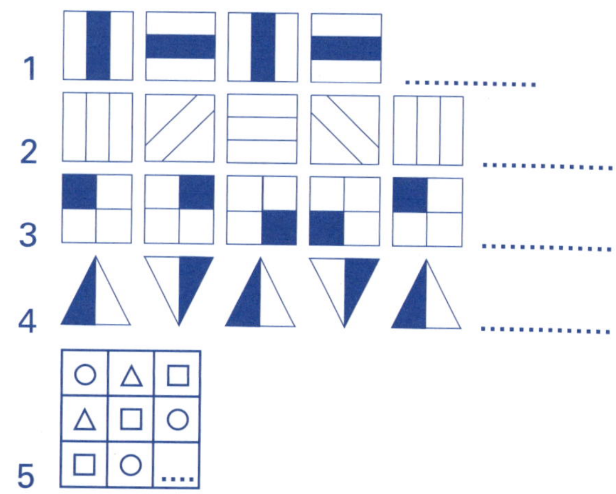

n°6 La course

- .... est en tête.
- Audrey doit encore parcourir .... kilomètres.
- Charlotte doit encore parcourir .... kilomètres.

Vous avez obtenu le score de :

/ 200

n° 1

Je suis 55. Je suis compris entre 50 et 60, mon chiffre des unités est le même que celui des dizaines.

Je suis 59. 59 + 10 = 69.

n° 2 Tom est le plus léger.

Julie est la plus légère.

Tom est encore plus léger que Julie.

n° 3 Aurélien doit faire 5 points.

Paul a fait 11 points.
Aurélien doit faire 12 points pour avoir un point de plus que Paul.
Il a déjà fait 7 points.

Il doit en faire 5.

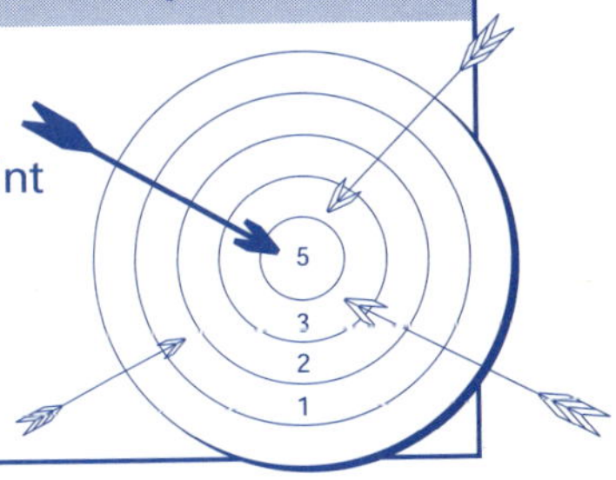

n° 4

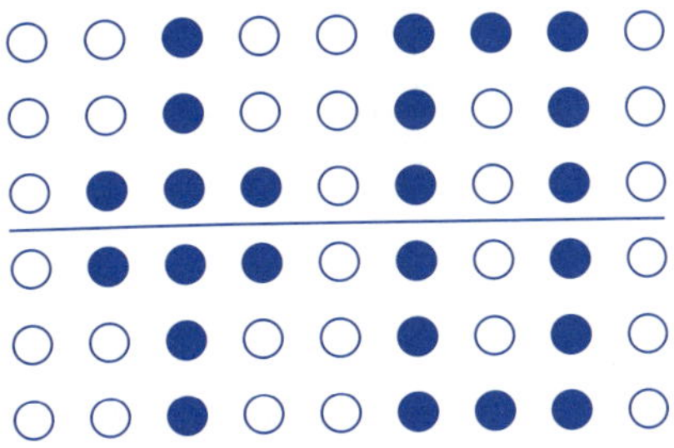

Vous pouvez lire le mot **TU**.

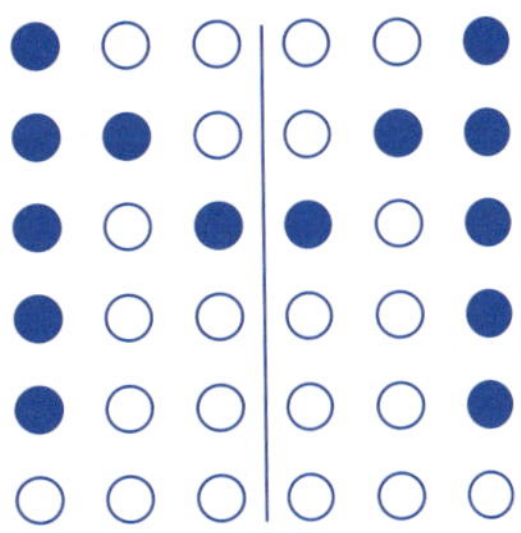

Le chiffre **1** est apparu.

n° 5

1 La bande noire est verticale, horizontale, verticale…

2 Bande verticale, en diagonale, horizontale… Elle tourne d'un quart de tour.

3 Le carré noir avance d'une case à chaque fois.

4 Le triangle est pointe en haut, puis en bas…

5 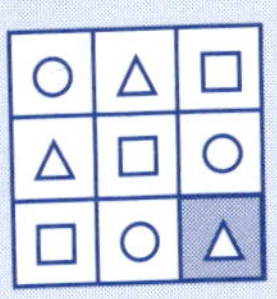

Par ligne et par colonne, il y a un rond, un triangle et un carré.

n° 6

- **Audrey est en tête.** Elle a parcouru 20 kilomètres.
- Audrey doit encore parcourir **5 kilomètres.**
  25 – 20 = 5 ou 20 + 5 = 25.
- Charlotte doit encore parcourir **7 kilomètres.**
  25 – 18 = 7 ou 18 + 17 = 25.

DEFIMATHS CP / N° 9
6 CASSE-TÊTE

5 points — **n° 1**

Carrés gris et blancs

On a entouré les 4 carrés gris avec 12 carrés blancs.

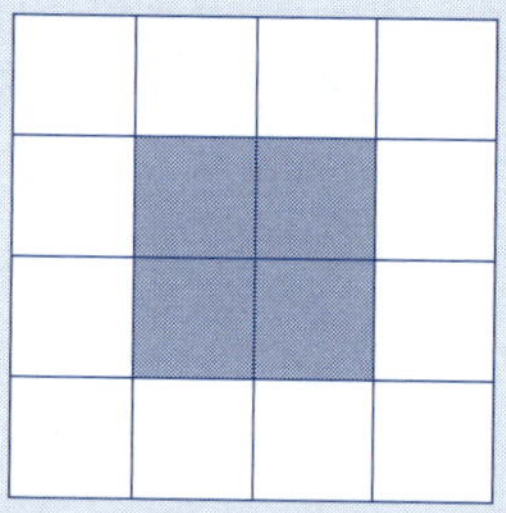

Combien faut-il de carrés blancs pour entourer cette figure ?

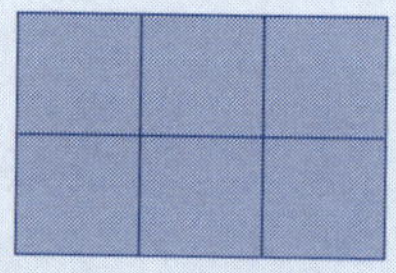

Il faut .... carrés blancs.

10 points — **n° 2**

Pour l'anniversaire de Kim

10 € 5 € 5 € 1 € 2 € 2 € 1 € 1 €

– Combien Joëlle a-t-elle d'argent ? [ ]

– Peut-elle acheter le gâteau ? [ ]

– Peut-elle acheter le livre ? [ ]

15 points — **n° 3**

Les drapeaux

Brigitte a inventé un drapeau pour la protection de la nature avec ces 3 éléments.

Elle a fait un drapeau :

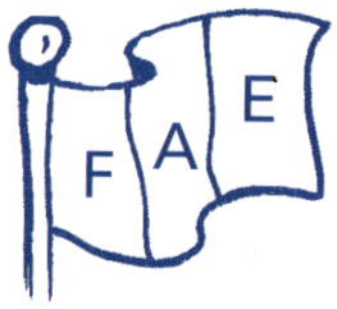

Invente les 5 autres.

20 points

n°4 Les balances

Complète la 3ème balance.

Le labyrinthe

25 points

n°5

Pour traverser le labyrinthe, il faut faire + 1 à chaque pas.
Trace le bon chemin.

Entrée ↓ (colonne 4)

vingt-neuf	48 + 3	quarante-six	47	45 + 1	59 + 2	58 + 4	soixante-trois	64	67	→ Sortie
cinquante et un	48 + 2	49	quarante-huit	48	60	64	67	soixante-cinq	59 + 7	
52	60	56	49 + 8	58	cinquante-neuf	60	59	70	69	
53	49 + 5	50 + 5	trente-six	trente-sept	62	63	61	soixante et onze	69 + 4	

25 points

n°6 L'Indien et le totem

Œil-de-Perdrix veut récupérer son totem.

Quand il rencontre un obstacle, il doit payer.

 → 2 pièces d'or

 → 1 pièce d'or

 → 5 pièces d'or

 → 7 pièces d'or

Œil-de-Perdrix n'a que 8 pièces d'or. Trace son chemin.

Bulletin réponses

Équipe : ....

Classe : ....

Nombre de points

n° 1 Carrés gris et blancs

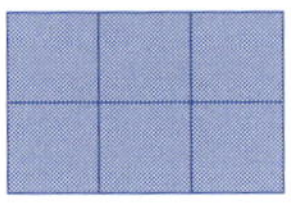

Il faut .... carrés blancs pour entourer cette figure.

n° 2 Pour l'anniversaire de Kim

Joëlle a .... €.

Nous entourons les bonnes réponses.

- Joëlle peut acheter le gâteau.
  OUI NON
- Joëlle peut acheter le livre.
  OUI NON

n° 3 Les drapeaux

Avec les 3 éléments,

nous inventons les 5 autres drapeaux.

n° 4 Les balances

Nous complétons la 3ème balance.

n° 5 Le labyrinthe

Nous traçons le chemin.

Entrée ↓ (au-dessus de 47)

vingt-neuf	48 + 3	quarante-six	47	45 + 1	59 + 2	58 + 4	soixante-trois	64	67 → Sortie
cinquante et un	48 + 2	49	quarante-huit	48	60	64	67	soixante-cinq	59 + 7
52	60	56	49 + 8	58	cinquante-neuf	60	59	70	69
53	49 + 5	50 + 5	trente-six	trente-sept	62	63	61	soixante et onze	69 + 4

n° 6 L'Indien et le totem

Nous traçons le chemin d'Œil-de-Perdrix.

Vous avez obtenu le score de :

/ 200

n° 1

1	2	3	4	5
14				6
13				7
12	11	10	9	8

Il faut 14 carrés blancs pour entourer la figure grise.

n° 2

Joëlle possède 27€.
Elle peut acheter le gâteau à 25€.
Elle ne peut pas acheter le livre à 29€.

n° 3

Brigitte a déjà fait ce drapeau : 

Il faut trouver toutes les combinaisons avec 3 éléments.

n° 4

45 + 55 = 100

La 3ème balance indique 100

n° 5

Voici le chemin qui mène à la sortie.

Entrée ↓ (colonne 47) — Sortie → (après 67)

vingt-neuf	48 + 3	quarante-six	47	45 + 1	59 + 2	58 + 4	soixante-trois	64	67
cinquante et un	48 + 2	49	quarante-huit	48	60	64	67	soixante-cinq	59 + 7
52	60	56	49 + 8	58	cinquante-neuf	60	59	70	69
53	49 + 5	50 + 5	trente-six	trente-sept	62	63	61	soixante et onze	69 + 4

n° 6

Il y a 4 chemins possibles, numérotés ①, ②, ③, ④.

Seul le chemin n° 3 permet à Œil-de-Perdrix de se rendre à son totem en ne dépensant que 8 pièces d'or.

Sur tous les autres chemins, il faut plus de 8 pièces d'or.

DEFIMATHS CP / N° 10
6 CASSE-TÊTE

5 points
n° 1

Au suivant !

Écris le dernier nombre de chaque liste

● 86	84	82	80	…
● 73	75	77	79	…
● 100	95	90	85	…
● 6	9	12	15	…
● 10	11	13	16	…

10 points
n° 2

Le beau dessin !

Reconstitue le dessin dans le 3ème cadre.

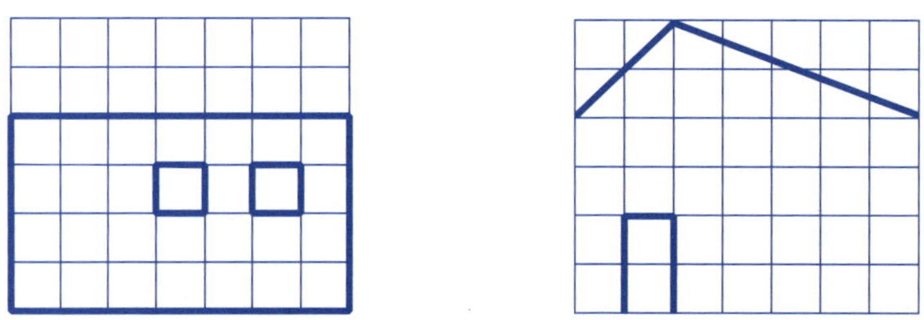

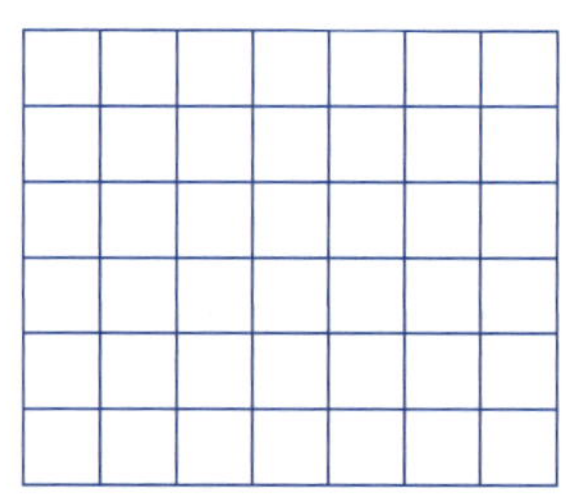

15 points
n° 3

Devinettes

- Je suis un nombre entre 75 et 82.
  Mon chiffre des unités est 0.
  Qui suis-je ? ☐

- Je suis un nombre. Si on m'ajoute 10, on obtient 100.
  Qui suis-je ? ☐

- Je suis un nombre. Si on m'enlève 5, on obtient 75.
  Qui suis-je ? ☐

20 points

n°4 Les balançoires

Écris le nom de chaque enfant dans les bulles.

Les fromages

25 points

n°5 Une classe de cours préparatoire compte 23 élèves. La maîtresse prévoit un pique-nique. Elle prépare 3 boîtes de fromage en portions.

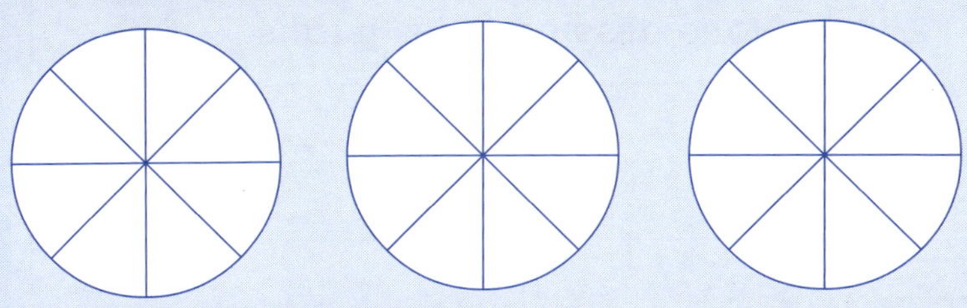

Le jour du pique-nique, 2 élèves sont absents et 3 élèves ne mangent pas de fromage. Combien de portions ne seront pas distribuées ?

25 points

n°6 Le jeu des jetons

Dessine les jetons pour que chacun obtienne un score de 100.

Prénom	*Score*	*Jetons*
Kim	100	
Tom	100	
Éric	100	

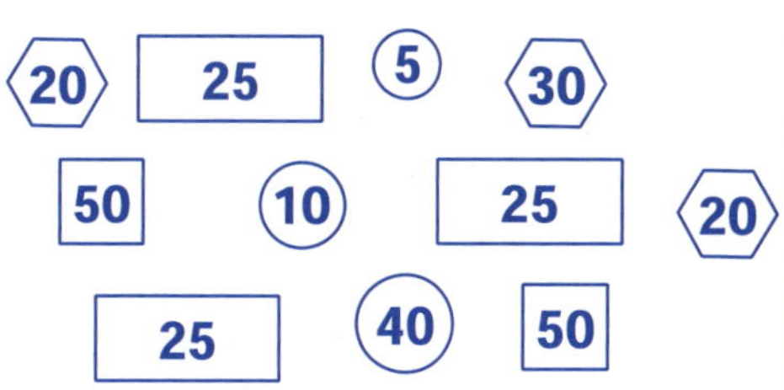

Bulletin réponses

Équipe : ....

Classe : ....

Nombre de points

n°1 Au suivant !

Nous écrivons le chiffre suivant.

- 86 84 82 80 ...
- 73 75 77 79 ...
- 100 95 90 85 ...
- 6 9 12 15 ...
- 10 11 13 16 ...

n°2 Le beau dessin !

Nous dessinons dans le 3ème cadre.

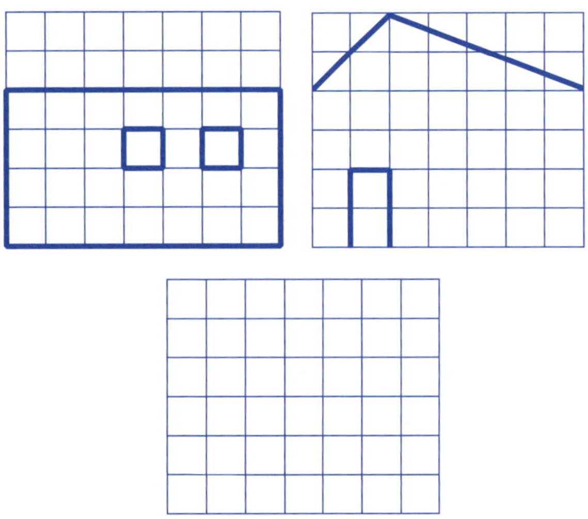

n°3 Devinettes

- Je suis un nombre entre 75 et 82.
  Mon chiffre des unités est 0.

  Qui suis-je ?

- Je suis un nombre.
  Si on m'ajoute 10, on obtient 100.

  Qui suis-je ?

- Je suis un nombre.
  Si on m'enlève 5, on obtient 75.

  Qui suis-je ?

n°4 Les balançoires

Nous écrivons les noms dans les bulles.

n°5 Les fromages

Le jour du pique-nique, ... portions de fromage ne seront pas distribuées.

n°6 Le jeu des jetons

Nous dessinons les jetons.

Prénom	*Score*	*Jetons*
Kim	100	
Tom	100	
Éric	100	

Vous avez obtenu le score de :

/ 200

DEFIMATHS CP / N° 10 - corrigés

n° 1

- 86 84 82 80 **78** ⇨ les nombres pairs en ordre décroissant.
- 73 75 77 79 **81** ⇨ les nombres impairs en ordre croissant.
- 100 95 90 85 **80** ⇨ de 5 en 5 en ordre décroissant.
- 6 9 12 15 **18** ⇨ plus 3 à chaque fois (multiples de 3).
- 10 11 13 16 **20** ⇨ plus 1, plus 2, plus 3, plus 4…

n° 2

3ème cadre

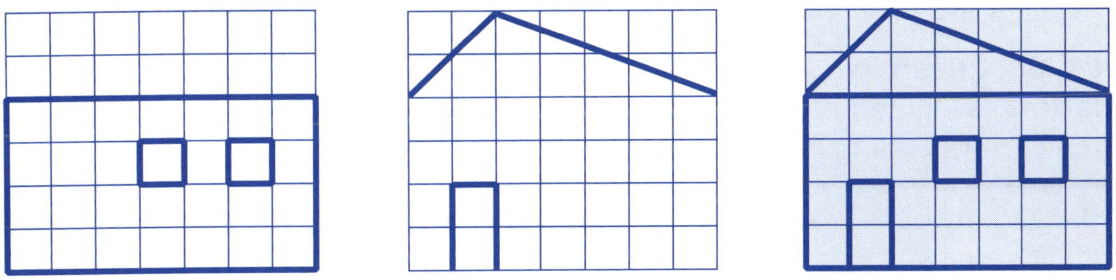

n° 3

- Je suis **80** ⇨ je suis compris entre 75 et 82 et mon chiffre des unités est 0.
- Je suis **90** ⇨ 90 + 10 = 100.
- Je suis **80** ⇨ 80 – 5 = 75.

n° 4

Éric est le plus lourd, Sam le plus léger. Le dernier s'appelle Tom.

n° 5

La maîtresse apporte 24 portions de fromage.
18 élèves mangent du fromage :
23 – 2 = 21; 21 – 3 = 18.

6 portions ne seront pas distribuées : 24 – 18 = 6.

n° 6

Voici une solution possible, il y en a d'autres !

Prénom	*Score*	*Jetons*
Kim	100	50 25 20 5
Tom	100	50 25 25
Éric	100	40 30 20 10

DEFIMATHS CP / N° 11
6 CASSE-TÊTE

5 points — n° 1 — La semaine de Marion

Réponds aux questions.
Hier, Marion est allée à la piscine, que fait-t-elle aujourd'hui ? ....
Demain, Marion ira à la bibliothèque, quel jour sommes-nous ? ....

10 points — n° 2 — Le portrait du robot

Colorie les pièces que Julie doit utiliser pour refaire le portrait du robot.

15 points — n° 3 — L'écureuil

Il fait sa réserve pour l'hiver dans 3 cachettes.

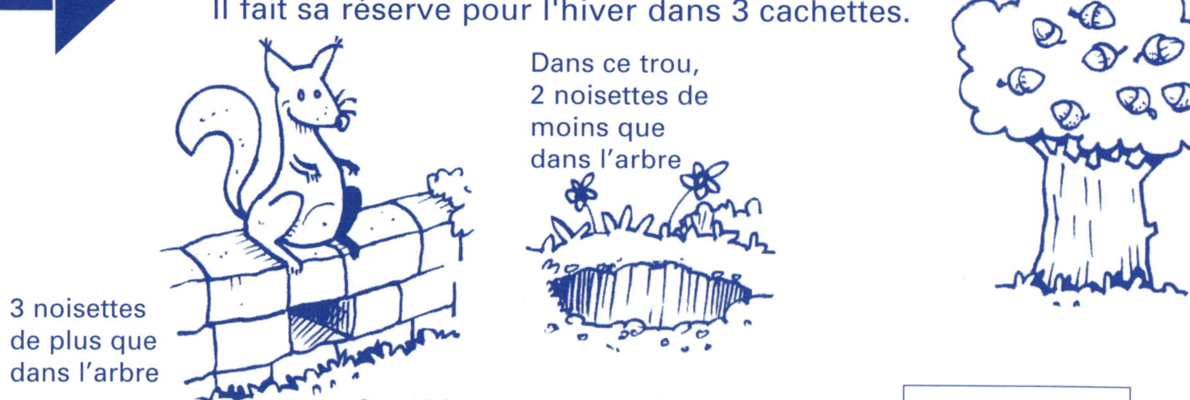

Combien a-t-il caché de noisettes ? [ ]

Les élèves

20 points **n°4**

La directrice de l'école a fait le tableau des 2 classes de CP.

Classe	Nombre de filles	Nombre de garçons
CP_A	12	15
CP_B	19	7

Calcule :
- le nombre de filles de l'école ....
- le nombre de garçons de l'école ....
- le nombre d'élèves du CP_A ....
- le nombre d'élèves du CP_B ....
- le nombre d'élèves de CP ....

25 points **n°5**

Drôles d'additions !

Chaque dessin remplace un chiffre. Retrouve-le.

```
  2☹        4☹        ☹☹
+ 1 0     + 1 2     + ✎✎
-----     -----     -----
  ☹☹        ✎✎        8 8
```

☹ = ... ✎ = ...

25 points **n°6**

Le chiffre 9

En écrivant les nombres de 75 à 100, combien de fois utiliseras-tu le chiffre 9 ? [ ]

Bulletin réponses

Équipe : ....

Classe : ....

Nombre de points

n°1 La semaine de Marion

- Hier, Marion est allée à la piscine, aujourd'hui elle fait ....
- Demain, Marion ira à la bibliothèque, aujourd'hui nous sommes ....

n°2 Le portrait du robot

Nous colorions les pièces utilisées par Julie.

n°3 L'écureuil

Dans les 3 cachettes, l'écureuil a caché .... noisettes.

n°4 Les élèves

Nous calculons et nous répondons.

– Il y a .... filles dans l'école.
– Il y a .... garçons dans l'école.
– Il y a .... élèves de CP_A.
– Il y a .... élèves de CP_B.
– Il y a .... élèves de CP.

n°5 Drôles d'additions

Nous donnons la valeur de chaque dessin.

☹ = ✎ =

n°6 Le chiffre 9

Pour écrire les nombres de 75 à 100, nous utilisons .... fois le chiffre 9.

Vous avez obtenu le score de :

/ 200

n° 1

- Hier, vendredi, Marion est allée à la piscine, aujourd'hui elle fait de l'informatique.
- Demain, lundi, Marion ira à la bibliothèque, aujourd'hui nous sommes dimanche.

n° 2

Voici les pièces utilisées par Julie.

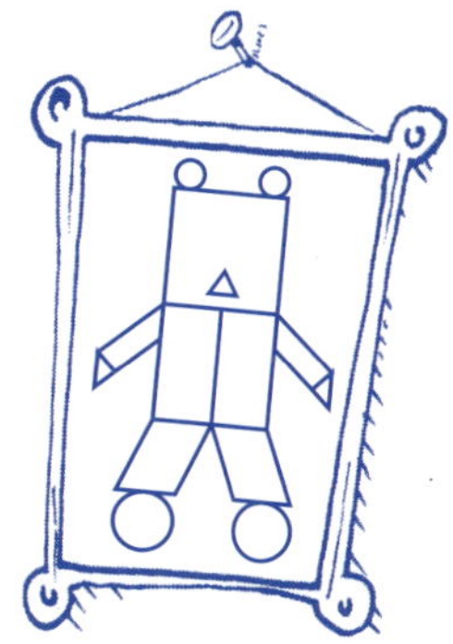

n° 3

Il y a 8 noisettes dans l'arbre.

Dans le mur, il y a 11 noisettes.
$8 + 3 = 11$

Dans le trou, il y a 6 noisettes.
$8 - 2 = 6$

En tout, l'écureuil a caché 25 noisettes. $11 + 8 + 6 = 25$

n° 4

Il y a 31 filles de CP ⇨ $12 + 19 = 31$.
Il y a 22 garçons de CP ⇨ $15 + 7 = 22$.
Il y a 27 élèves de CP_A ⇨ $12 + 15 = 27$.
Il y a 26 élèves de CP_B ⇨ $19 + 7 = 26$.
Il y a 53 élèves de CP ⇨ $31 + 22 = 53$ ou $27 + 26 = 53$.

n° 5

1ère opération

$$\begin{array}{r} 23 \\ +\ 10 \\ \hline 33 \end{array}$$

☹ = 3

2ème opération

$$\begin{array}{r} 43 \\ +\ 12 \\ \hline 55 \end{array}$$

✎ = 5

3ème opération

$$\begin{array}{r} 33 \\ +\ 55 \\ \hline 88 \end{array}$$

n° 6

Vous utilisez 13 fois le chiffre 9 :

1 fois de 75 à 79, 1 fois de 80 à 89, 11 fois de 90 à 99.
Vous pouvez le vérifier en écrivant les nombres de 75 à 100 et en comptant les chiffres 9.

DEFIMATHS CP / N° 12
6 CASSE-TÊTE

5 points — n° 1 — Les sapins

Combien peut-on faire de sapins comme celui-ci avec tous ces morceaux ?

[ ]

Sapin modèle

10 points — n° 2 — À la fête foraine

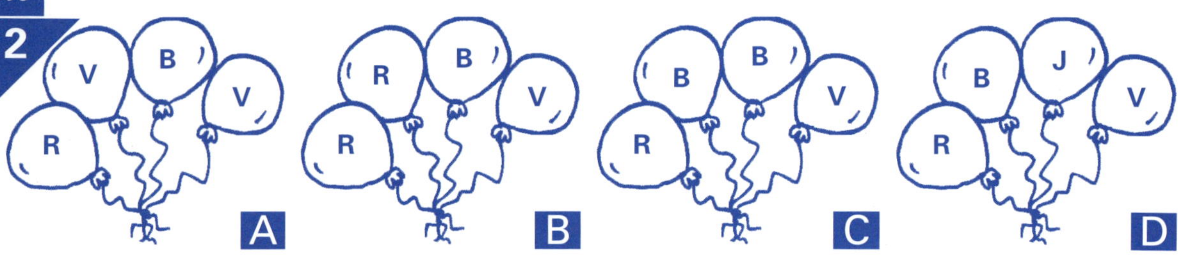

Chaque enfant voudrait un groupe de 4 ballons.
Dans son groupe, Jérôme voudrait 2 ballons bleus.
Dans son groupe, Jessica ne veut pas avoir 2 ballons semblables.
Dans son groupe, Valérie voudrait plus d'un ballon vert.

Quel groupe de ballons ne sera pas choisi ? [ ]

R : rouge
V : vert
B : bleu
J : jaune

15 points — n° 3 — Drôles d'additions !

Chaque dessin remplace un chiffre. Retrouvez-les.

☹☹	✶ 3	■ 9	◆ ●
+ 5	+ ✎✎	+ ❖ 7	+ ◆ ◆
☹ 9	6 8	9 ❖	● 6
☹ = …	✶ = …	■ = …	◆ = …
	✎ = …	❖ = …	● = …

20 points — n°4 — Les jours de la semaine

Hier nous étions lundi.
Quel jour serons-nous demain ?

Méfiez-vous des petits énoncés !

25 points — n°5 — Le trésor

Le coffret est caché derrière une pierre.
Cette pierre est entourée de pierres marquées de nombres plus grands que 59.
Écris le n° de la pierre. [ ]

Ajoute 7 au nombre trouvé et tu auras le nombre de pièces du coffret.

Le coffret contient .... pièces d'or.

25 points — n°6 — Au magasin de jouets

J'achète	Je paye	Je donne	On me rend
		5€	
		10€	
		10€	
		20€	

Bulletin réponses

Équipe : ....

Classe : ....

Nombre de points

n° 1 Les sapins

sapin modèle

Nous pouvons faire ...... sapins.

n° 2 À la fête foraine

Le groupe de ballons .... ne sera pas choisi.

n° 3 Drôles d'additions !

Nous donnons la valeur de chaque dessin.

☹ = ✶ = ✎ =

■ = ❖ = ◆ = ● =

n° 4 Les jours de la semaine

Demain, nous serons ....

n° 5 Le trésor

Le coffret est caché derrière la pierre n° ....

Le coffret contient .... pièces d'or.

n° 6 Au magasin de jouets

J'achète	Je paye	Je donne	On me rend
		5€	
		10€	
		10€	
		20€	

Vous avez obtenu le score de :

/ 200

n° 1

Il y a 6 morceaux avec un pied.
Il y a 3 morceaux avec les boules.
Il y a 5 morceaux avec une étoile.

On ne peut faire que 3 sapins comme le modèle.

n° 2

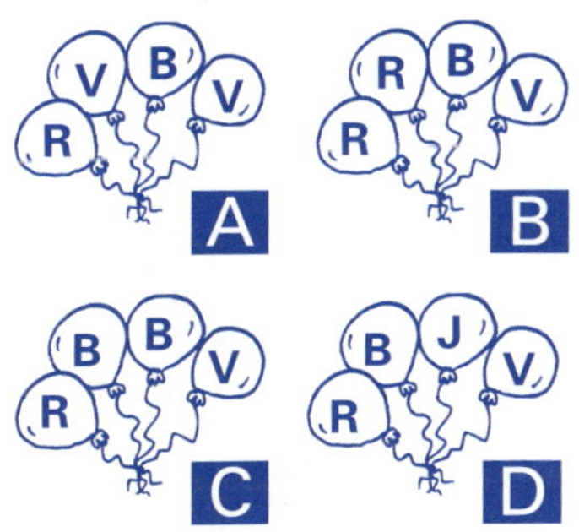

Chaque enfant voudrait un groupe de 4 ballons.
Dans son groupe, Jérôme voudrait 2 ballons bleus ⇨ C.
Dans son groupe, Jessica ne veut pas avoir 2 ballons semblables ⇨ D.
Dans son groupe, Valérie voudrait plus d'un ballon vert ⇨ A.

Le groupe de ballons B ne sera pas choisi.

n° 3

4 4	1	1	2 4
☹☹	✶ 3	2	◆ ●
+ 5	5 5	■ 9	2 2
4	+ ✎✎	6	+ ◆ ◆
☹ 9	6 8	+ ❖ 7	4
		6	● 6
		9 ❖	

☹ = 4 ✶ = 1 ✎ = 5
■ = 2 ❖ = 6 ◆ = 2 ● = 4

n° 4

Hier	Aujourd'hui	Demain
LUNDI	MARDI	MERCREDI

Demain nous serons mercredi.

n° 5

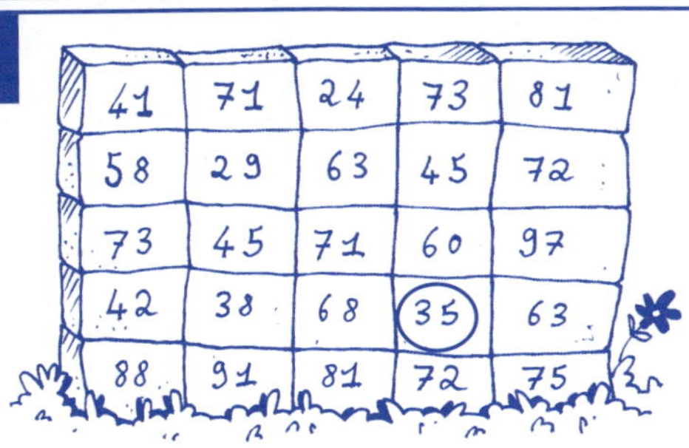

C'est la seule pierre entourée par des nombres supérieurs à 59.

- Le coffret se cache derrière la pierre n° 35.

- Le coffret contient 42 pièces d'or : 35 + 7 = 42.

n° 6

J'achète	Je paye	Je donne	On me rend
	3€	5€	2€
	6€	10€	4€
	10€	10€	rien
	8€	20€	12€

Diplôme

Défimaths

Tous les élèves de la classe de Mlle, Mme, M ....

de l'école .... ont participé avec loyauté à la résolution des casse-tête mathématiques,

dans la catégorie CP.

Score obtenu par la classe	Classement

Fait à ....,

le ....

Cachet de l'organisateur